HOSHIORI 星栞

2023年の星占い
蠍座

石井ゆかり

蠍座のあなたへ
2023年のテーマ・モチーフ
解説

．．．．．．．．．．．．．．．．．．．．．．．．．．．．．．

モチーフ：ブルーベリーチーズケーキ

．．．．．．．．．．．．．．．．．．．．．．．．．．．．．．

　蠍座の2023年は、なにかと「話し合う」機会が
あるようです。カフェで誰かと話し合うシチュエ
ーションは、たとえば「初対面で自己紹介しあう」
「仕事の打ち合わせをする」「友達同士で愚痴を言
い合う」「ちょっとした相談事を持ちかけられる」
「契約の条件を細かく詰める」「作戦会議をする」
「愛を語り合う」「将来の約束をする」等々、いく
らでもあります。2023年の蠍座の世界では、そん
な「話し合い」がたくさん持たれるようなのです。
ブルーベリー、クリームチーズ、その他諸々のた
くさんの材料を組み合わせて作るケーキのように、
いろいろな条件を折り合わせて素敵な「結論」を
出していける年です。

CONTENTS

3

はじめに

　こんにちは、石井ゆかりです。

　2023年は星占い的に「大物が動く年」です。「大物」とは、動きがゆっくりで一つの星座に長期的に滞在する星のことです。もとい、私が「大物」と呼んでいるだけで、一般的ではないのかもしれません。2023年に動く「大物」は、土星と冥王星です。土星は2020年頃から水瓶座に位置していましたが、2023年3月に魚座に移動します。冥王星は2008年から山羊座に滞在していましたが、同じく2023年3月、水瓶座に足を踏み入れるのです。このように、長期間一つの星座に滞在する星々は、「時代」を描き出します。2020年は世界が「コロナ禍」に陥った劇的な年でしたし、2008年はリーマン・ショックで世界が震撼した年でした。どちらも「それ以前・それ以後」を分けるような重要な出来事が起こった「節目」として記憶されています。

　こう書くと、2023年も何かびっくりするような出来事が起こるのでは？と思いたくなります。ただ、既にウクライナの戦争の他、世界各地での民主主義の危機、

世界的な環境変動など、「時代」が変わりつつあること
を意識せざるを得ない事態が起こりつつあります。私
たちは様々な「火種」が爆発寸前の世界で生きている、
と感じざるを得ません。これから起こることは、「誰も
予期しない、びっくりするようなこと」ではなく、既
に私たちのまわりに起こっていることの延長線上で「予
期できること」なのではないでしょうか。

　2023年、幸福の星・木星は牡羊座から牡牛座を運行
します。牡羊座は「はじまり」の星座で、この星座を
支配する火星が2022年の後半からコミュニケーション
の星座・双子座にあります。時代の境目に足を踏み入
れる私たちにとって、この配置は希望の光のように感
じられます。私たちの意志で新しい道を選択すること、
自由のために暴力ではなく議論によって闘うこと、な
どを示唆しているように読めるからです。時代は「受
け止める」だけのものではありません。私たちの意志
や自己主張、対話、選択によって、「作る」べきもので
もあるのだと思います。

《注釈》

◆ 12星座占いの星座の区分け（「3/21〜4/20」など）は、生まれた年によって、境目が異なります。正確な境目が知りたい方は、P.124〜125の「太陽星座早見表」をご覧下さい。または、下記の各モバイルコンテンツで計算することができます。
　インターネットで無料で調べることのできるサイトもたくさんありますので、「太陽星座」などのキーワードで検索してみて下さい。

　モバイルサイト【石井ゆかりの星読み】（一部有料）
　https://star.cocoloni.jp/（スマートフォンのみ）

◆ 本文中に出てくる、星座の分類は下記の通りです。
　火の星座：牡羊座・獅子座・射手座　　　地の星座：牡牛座・乙女座・山羊座
　風の星座：双子座・天秤座・水瓶座　　　水の星座：蟹座・蠍座・魚座
　活動宮：牡羊座・蟹座・天秤座・山羊座
　不動宮：牡牛座・獅子座・蠍座・水瓶座
　柔軟宮：双子座・乙女座・射手座・魚座

《参考資料》
・『Solar Fire Gold Ver.9』（ソフトウェア）/ Esoteric Technologies Pty Ltd.
・『増補版　21世紀　占星天文暦』/ 魔女の家BOOKS　ニール・F・マイケルセン
・『アメリカ占星学教科書　第一巻』/ 魔女の家BOOKS　M.D.マーチ、J.マクエバーズ
・国立天文台　暦計算室Webサイト

HOSHIORI

蠍座 2023年の星模様
年間占い

✳ 「明るい忙しさ」の年

　陽光降り注ぐ中、芝刈りをしたり、そこで洗濯物を干したり、バーベキューをしたり、子供たちの世話をしたり、彫刻や家具を製作したり、畑で様々な作物を作ったり。2023年の蠍座の星回りから、そんなイメージが思い浮かびました。一つ一つは立派な「仕事」で、大層忙しいのですが、とにかく楽しそうなのです。周りには花が咲いていて、みんな笑顔です。汗をかいても、その汗をかくことが楽しいのです。

　上の「風景」では、一見「家庭的なこと」ばかりを並べましたが、もちろんこれは比喩にすぎません。家でする様々な仕事も楽しめるでしょうし、外での仕事、任務、事業なども、とても楽しいでしょう。共通しているのは「身体を動かす」点です。頭だけで考えて、一つの場所からあれこれ指示を出すだけ、という動き方は、2023年にはフィットしません。楽しむことも、任務も、2023年は「現場に行く・動く・汗をかく」ことがテーマとなっています。実物を見てそれから判断しよう、やってみてから決めよう、「試乗できませんか？」

といった発想が、今年は多発するはずです。

　やることがたくさんあって、それが心から楽しいと感じられる。蠍座の2023年は「明るい忙しさの年」です。自分からやるべきことをあれこれ思いつきますし、人からも様々なことを頼まれます。どれも嬉しい任務であり、やりがいがあり、人から喜ばれます。

　さらに、そうした様々なタスクを通して、人に出会える年でもあります。一緒に活動した人、協力することになった人、「コラボ」の相手。たまたま「同じ場で活動した人」と、なにかと仲良くなれそうなのです。

❊5月半ば以降「出会いと関わり」の季節へ

　2023年5月半ばから2024年5月は、「出会いと関わり、パートナーシップの季節」です。人間関係全般があたたかな勢いに包まれ、いろいろな関わりが進展する時期となります。公私ともに素敵な出会いに恵まれますし、既にある人間関係も喜びに満ちるでしょう。

　たとえば前述の「同じ活動に取り組んで、仲良くなった人」が、親友や、恋人や、相棒や、パートナーに

なる可能性があります。あるいは逆に、誰かとの出会いがきっかけで、仕事や目標を見つける人もいるでしょう。頑張っている人を応援していたら、いつのまにかその人と肩を並べて頑張るようになっていた！といった展開も考えられます。

　パートナーや、普段関わる人々と「目指す目標を共有する」ということも、2023年の大きなテーマの一つです。同じものを目指す人もいれば、互いの目標を新しい形でリスペクトし合う人もいるでしょう。身近な人ほど、なかなか相手の活躍を認められない、ということもあるものですが、たとえば自分の仕事を家族に大反対されていた人が、2023年にやっと認めてもらえるようになる、等のことも起こるかもしれません。

✳「心の重荷」が軽くなる

　2020年頃から、心の中になんらかの重い気持ちを抱えていた人も少なくないはずです。人に言えない悩み、身内でのどうにもならない問題、一人で背負わなければならない重責。人から頼られる立場に立って疲れ切ったり、逃げられない立場で息苦しさに耐え続けたり。

もしあなたが過去2～3年そんな状況下にあったなら、2023年3月までにその状況を脱出できそうです。あるいは、状況が一変するわけではなくとも、いくつかの条件が変わって、心が一気に軽くなるでしょう。誰かの態度が変化したり、外部からの助けが加わったり、自分一人で抱え込む状態から抜け出せたり。2020年頃からの悩みは主に、広い意味で「環境」に由来するものだったのではないかと思います。地域コミュニティでの人間関係とか、家族や親族の中での役割分担など、自分が選択したわけではない、否応なく置かれた場に、なにかしらの問題が起こっていただろうと思うのです。その問題から脱出し、深い解放感に包まれます。

　その一方で、新しい感情が徐々に湧き上がってきそうです。この感情はこれまでの冷たい、重いものとは全く違い、熱くてギラギラした光を放っています。たとえば「この世の楽園を作ろう！」と志せば、かなりタフな情熱が必要になるはずですが、この時期のあなたの胸にはそんな思いが湧き始めるのかもしれません。

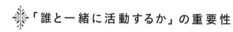

「誰と一緒に活動するか」の重要性

　「明るい忙しさ」の年で、最もキラキラした雰囲気に包まれるのが6月から10月上旬です。あなたの得意分野で大活躍できるでしょう。また、賞賛され、評価され、感謝される動きも強まります。あなたの取り組みを見つめる周囲の眼差しが、こちらもキラキラと輝いているはずです。ほめ言葉は素直に受け取り、無駄に他人と自分を比較したりしないことが大事です。

　この夏から秋の時間帯は、チャンスが巡ってきやすい時でもあります。肩の力を抜いてふわりと掴んだ機会が、その後大きなミッションへと「化ける」かもしれません。楽しく活動している時、人は「頑張っている」とは自覚しないものですが、この時期は特にそんな雰囲気が強まるはずです。

　憧れのポジションについたり、憧れの人から引き立ててもらったりと、心ときめく場面も多いでしょう。何かを好きだという気持ちがそのまま、チャンスに結びつきます。この時期は「何をするか」と同じくらい「誰とやるか」が重要です。ここでの活動はおそらく、あ

なた一人だけのものではないからです。一緒に活動する人も、あなたと同じかそれ以上の熱量で取り組むことになるはずなのです。

❈ 古いものと新しいものの交わり

　ずっと好きだった趣味が突然、味気なく感じられたり、愛用していた品を捨てたくなったりするかもしれません。これまで何の疑問も抱かず愛好し、親しみ、「これだ！」と思い続けていたものに対し、突然違和感や疑念が湧いてくるのです。これは、芸術家の作風が変わる現象に似ています。古い感性がいきなり新しい手法に置き換わるのではなく、まず、これまでのやり方への否定的な感情が浮かびます。これが「入り口」です。「もっと別なものがあるはずだ、でも、それはどんなものだろう？」という思いの中で、時間をかけて試行錯誤を繰り返し、どこまでも進んでいった先でやっと「これだ！」というものに出会えます。こうした変化には、どうしても時間がかかるのです。

　クリエイティブな活動に取り組んでいる人は、文字通り「作風・芸風・文体が変わる」ようなプロセスに

突入するのがこの2023年です。これまで「自分なりの
やり方が、これだ」と納得していたスタイルを、変え
たくなってくるのです。中には思い切って、全部投げ
捨ててしまう人もいるかもしれません。長く続けてき
たやり方からわずかにでも離れるのは、勇気が要りま
す。不安も恐怖も湧き上がるでしょう。しかしそれ以
上に「このまま続けてゆく」ことへの不満が強まる、と
いうことなのだろうと思います。これはもちろん、成
長への一つの過程です。ただ、その最初の一歩の段階
ではまだ、古い手法を捨てたからといって新たなもの
が見つかるかどうか、わかりません。「新しいものが見
つかるかどうか、それはわからない。でも、とにかく
古いものを置いて、先に進んでみよう」という思いこ
そが、2023年の創造性のテーマです。

　とはいえ最終的に、古いスタイルが完全に捨て去ら
れてしまう、ということにはなりません。ここからあ
なたが見つけ出す新しいものと、これまであなたが築
いたものは、向こう2年ほどの中で統合され、懐胎と
出産のような現象に至ります。新しいものが古いもの
に置き換わるのではなく、新旧のものが交わって、新

たな何かが産み落とされるのです。早ければ2025年、遅くとも2026年頃までに、「新たなスタイル」を確立しているあなたがいるはずです。

❄ 「根を下ろす」プロセスの入り口

2008年頃から「旅人」として生きてきた人もいるかもしれません。一箇所に定住していても、どこか「移動の途中」、一つの場所から別の場所に移る途中の「中継地点」にいるような感覚だったのではないかと思うのです。そんな「移動中」の感触が、2023年に消え始めます。ある場所、ある人間関係、ある業界、ある世界観を視野に入れて「そろそろここに根を下ろそうかな」という思いが湧き始めるのです。この「ひとつの世界に根を下ろす」プロセスは、2043年頃までの、非常に長丁場の物語です。

⟨ 仕事・目標への挑戦／知的活動 ⟩

2023年の蠍座の仕事は、とにかく面白く、盛りだくさんで、楽しい雰囲気に包まれています。素敵なチャンスがたくさん巡ってきますし、好きな分野、得意な

分野でのチャレンジができる年です。才能を活かす機会に恵まれ、大舞台に立つ人もいるでしょう。特に6月から10月上旬は、大変華やかな雰囲気に包まれます。

　2023年の仕事においては、「人」がとても重要です。積極的で新鮮な感覚を持った人たち、自由で新しい時代の方向を向いている人たちから、多くの刺激を受け取れます。自分のアイデアに自信が持てない時は、人の意見を聞くことによって軌道修正できます。普段あまり人に相談しないという人も、今年はいろいろな人にアドバイスを求めたくなるでしょう。
　蠍座の人々の多くは「自分のやり方、メソッド、方法論」を自らの手で創造することが上手です。さらに、自分で作った方法論を維持していく力に恵まれています。ただ、こうした「作って、続けてきた方法論」も、いつかはメンテナンスしたり、リフォームしたりすべき時期が巡ってくるものです。2023年はちょうど、そういうタイミングに当たっているのかもしれません。「自分の役割はこれだ」「自分の得意技はこれだ」という確信を持っている部分に、新たな目を向け、新しい

条件を取り入れることができるのです。

　5月半ばから2024年5月は「人間関係とパートナーシップの季節」です。この間、公私ともに素晴らしい出会いがあるでしょうし、既にある人間関係も大いに進展するはずです。

　また、この時期は出会いや関係性の変化が「突発的に起こる」「意外性を伴う」傾向が強くなっています。びっくりするような出会い、突然の出会い、意外な人物との邂逅(かいこう)、力関係や立場性がひっくり返るようなことなど、「普通ならあり得ない」ようなことが起こりやすいのです。奇妙な人物と親しくなったり、著名人と関わるようになったりするかもしれません。自分自身が著名になり、新しい人間関係の輪へと飛び込んでいく人もいるかもしれません。

　さらに、2020年頃から隣人や身近な人々との関係悪化に苦しんでいた人は、その窮状から脱出できるでしょう。生活全般において疎外感や孤独感に苛(さいな)まれていたという人も、2023年はあたたかな日常の関係性を少

しずつ、取り戻していけそうです。

﹛ お金・経済活動 ﹜

2022年8月下旬から、熱い経済活動に「巻き込まれていた」人も少なくなさそうです。たとえばパートナーのビジネスを手伝うとか、誰かが発売した商品の宣伝に力を貸すとか、あるいは融資を受けて懸命にビジネスの拡大に挑んできた、などのことがあったかもしれません。誰かのお金や財を管理する役割を引き受けたり、大きなお金を運用したりしてきた人もいるでしょう。こうした、「経済的人間関係の中での奮闘」が、2023年3月まで続いています。ここまでの流れの中で開拓したルート、使えるようになったリソースを、4月以降は「軌道に乗せていく」段階に入ります。

また、2023年の蠍座の経済活動では「どう配分するか・シェアするか」が大きなテーマになるかもしれません。「なぜこの人にお金を使うのか」「なぜこの人からお金を受け取るのか」というリクツがある程度以上に成立していないと、無用の引け目を感じたり、精神的負担を被ったりする場合もあります。誰が誰のため

◇◇◇◇◇◇◇◇◇◇◇◇◇◇◇◇◇◇◇◇◇◇◇◇◇◇◇◇◇◇◇◇◇◇◇◇◇◇

にどう使うか、そのコンセンサスは、深い心理的・精神的な問題をはらんでいるのです。短期的に見れば不公平でも、長期的にはしっかり帳尻が合っているのが、真に望ましい「経済関係」なのかもしれません。長い目で見て「経済的役割分担」を立て直せる時です。

❲ 健康・生活 ❳

2022年5月半ばから2023年5月半ばは「健康状態が改善する」時間となっています。良い生活習慣が身につきますし、「生活に張りが出る」「生きがいを見出せる」といったことも起こりやすい時です。慢性的な病気に悩んでいたけれど、この時期に自分に合った名医に出会い、症状が著しく改善する、といったことも起こるかもしれません。原因不明だった不調の真の原因がわかって、そこから体調が好転する可能性もあります。エクササイズやスポーツを始めて人生がガラッと変わる、という人もいるはずです。

生活の場や住環境にまつわる悩みや問題も、2023年は一気に解決に向かいます。年の前半を境に、強い「好転」が起こりそうです。

◇◇◇◇◇◇◇◇◇◇◇◇◇◇◇◇◇◇◇◇◇◇◇◇◇◇◇◇◇◇◇◇◇◇◇◇◇◇

◉ 2023年の流星群 ◉

「流れ星」は、星占い的にはあまり重視されません。古来、流星は「天候の一部」と考えられたからです。とはいえ流れ星を見ると、何かドキドキしますね。私は、流れ星は「星のお守り」のようなものだと感じています。2023年、見やすそうな流星群をご紹介します。

4月22・23日頃／4月こと座流星群
例年、流星の数はそれほど多くはありませんが、2023年は月明かりがなく、好条件です。

8月13日頃／ペルセウス座流星群
7月半ばから8月下旬まで楽しめます。三大流星群の一つで、条件がよければ1時間あたり数十個見られることも。8月13日頃の極大期は月明かりがなく、土星や木星が昇る姿も楽しめます。

10月21日頃／オリオン座流星群
真夜中過ぎ、月が沈みます。土星、木星の競演も。

12月14日頃／ふたご座流星群
三大流星群の一つで、多ければ1時間あたり100個程度もの流れ星が見られます。2023年の極大期は月明かりがなく、こちらも好条件です。

HOSHIORI

蠍座 2023年の愛

年間恋愛占い

♥ 「思い」に正直になること

　2023年からの2年間、蠍座の愛の世界では、「素直さ、正直さ、ストレートさ」が何よりも大切です。たとえば一般に、「寂しさ」を「怒り」に置き換えてしまう人は珍しくありません。孤独感や甘えたい気持ちを抑え込んで、苛立ちという形で相手にぶつけるコミュニケーションスタイルを、実に多くの人々が採用しています。これは、誰のためにもなりません。心の中にある感情を真面目に把握し、相手にそれをぶつけたい時は「そのまま」伝えることが必要です。自分の感情に無頓着でいると、こうしたルートに陥りやすいのです。優しさは優しさで、悲しみは悲しみで、「思い」のままに手渡し、手に取ろうとすること。これを心がけるだけで、2023年からの2年強は、お互いの愛を少しずつ深め、強めていく建設的な時間となるはずです。

❴ パートナーを探している人・結婚を望んでいる人 ❵

　5月半ばから2024年5月まで、「パートナーシップの季節」となっています。この時間帯に出会う人、既に

出会っている相手とパートナーシップを結ぶ人、電撃結婚する人もいるはずです。この「パートナーシップの季節」は約12年に一度巡ってくるのですが、今回はそこに「電撃的・衝撃的・突発的・意外性」などが絡まりついています。何の気配もないところからいきなり、「この人だ！」となることもあり得るのです。

　ただし、「愛情」というものについて、この時期はかなり懐疑的な思いも湧いてくるかもしれません。また、お互いの自由や平等といった論理的な価値観を重視する傾向があるため、「心・気持ち」が置いてきぼりになってしまう人もいそうです。やわらかな感情の交流をおろそかにしたり、「なんとなく違和感があるけれど、どう考えても合理的な話だから、受けよう」などというスタンスに立ってしまうと、後悔することになりかねません。お互いの「気持ち」を大切にすること、一番肝心なことを見失わないことが、とても大切です。

　6月から10月上旬は、仕事や対外的な活動を通しての出会い、なんらかの「共同作業」をきっかけとする出会いがありそうです。目上の人の引き合わせも有望です。また、この夏から秋は計画的にパートナー探し

の行動を起こすと、結果が出やすいはずです。「愛の目標達成」が叶う時なのです。

{ パートナーシップについて }

　5月半ばから2024年5月まで「パートナーシップの季節」となっていますので、パートナーとの関係は勢いよく育ってゆくでしょう。協力して取り組むべきテーマが出てくる可能性がありますし、お互いの新しい顔を発見して、トキメキを新たにする二人もいるはずです。このところお互いの間に距離を感じていた人もいるかもしれませんが、年の半ばあたりからともに過ごす時間、向き合う時間が増えていきそうです。

{ 片思い中の人・愛の悩みを抱えている人 }

　片思い中の人は、5月半ばから2024年半ばまでの時間の中で、その膠着状態をなんらかの形で打開できそうです。突然、そのチャンスが巡ってくるのかもしれません。あるいは全く別の相手と電撃的に恋に落ちる、といった可能性もあります。

　愛の悩みを抱えている人は、「漠然とした悩みが、具

体的な悩みに変わる」「原因不明の悩みの、現実的原因が見えてくる」ような変化が起こりそうです。これによって、現実的な解決の道を探れるようになります。悩みから完全に抜け出せるのは2025年から2026年頃となるかもしれませんが、少なくとも2023年は、その問題解決のレールに乗れるタイミングです。

❨ 家族・子育てについて ❩

　2020年頃から、家族や家にまつわる悩みを抱えている人も多そうです。一家を背負うような重圧に耐えている人、家や地域に縛られて身動きが取れないという人もいるかもしれません。そうした「家という重荷」から、2023年3月までに解き放たれます。

　その一方で、全く別の方向から「根を持つこと」への新しい意識が芽生え始めます。たとえば、生まれ育った家を出て、自分自身の家庭を持つことに情熱を燃やす、といった展開になる人もいそうです。2023年から2024年くらいの中で、家や家族、居場所にまつわる熱い望みが湧き上がる可能性があるのです。

　子育てに関しては「子供は社会で育てるもの」とい

う考え方が大切です。視野を広くすればするほど、子育てが建設的に、のびやかになるでしょう。身近にいる高齢者が頼りになる気配もあります。伝統的な子育ての方法には、現代では「間違っている」と科学的に示されているものも多いようですが、一方で、まだ役に立つものもいろいろあるのかもしれません。

　たとえば、子育てへの責任感が「強すぎる」人、子育てに非常に悲観的になってしまう人、などを想像してみれば、それが「望ましくない」ということは、すぐにわかります。2023年からの2年強は、そうした悲観や責任感が過剰になりやすいようです。辛くなった時は、「自分は自分、子供は子供」という大原則を引っ張り出すと、考えすぎ、想像のしすぎの部分を手放せるかもしれません。

⟨ 2023年　愛のターニングポイント ⟩

　1月末から2月中旬、3月半ばから4月上旬は強い追い風が吹きます。5月半ばから2024年5月にかけてはその全体が、特別なパートナーシップの季節です。

HOSHIORI

蠍座 2023年の薬箱

もしも悩みを抱えたら

❖2023年の薬箱 〜もしも悩みを抱えたら〜

誰でも日々の生活の中で、迷いや悩みを抱くことがあります。2023年のあなたがもし、悩みに出会ったなら、その悩みの方向性や出口がどのあたりにあるのか、そのヒントをいくつか、考えてみたいと思います。

◈愛を学ぶプロセス、その入り口

愛について、強い疑念が生まれるかもしれません。愛を信じられなくなる人、今まで好きだったものに突然興味を持てなくなる人もいそうです。愛着の対象と自分との間に不思議な距離を感じたり、パートナーへの愛情はあるのになぜか近づきたいと思えなくなったりと、愛に対して自分の心の中でカベを作ってしまうような状態になるかもしれません。恋愛はもとより、子供への愛、他の様々な対象への愛は「自然に湧いてくるもの」と思われがちですが、現実には「学び取る」部分がたくさんあります。幼い子供の愛と、大人の責任ある愛とはその強さも濃さも違っています。今年から2026年頃にかけて、「愛について学ぶ」時期に入る

ため、以前には無邪気に信じられた「愛」の絶対性を、この時期は信じにくくなるのです。でも、これは決して悪いことではなく、むしろ本当に信じられる愛の世界への第一歩です。経験から学ぼうとする姿勢、試行錯誤の中で愛を守ろうとする意志を大切に。

◆クリエイティビティの「成長期」

自分の才能や適性、個性などについて、自信を持ちにくくなるかもしれません。あるいは「もっと自分の才能を活かすには、どんな場で活動すればいいのだろう？」といった悩みが生じるかもしれません。アイデアが浮かびにくくなったり、何かアウトプットを出そうとしても怖くて出せなくなったりする人もいそうです。こうした硬直感、恐怖感は、あなたの創造性が今、一回り大きくなろうとしていることの証です。これまで満足できていたものに、今満足できないのは、あなたのセンスが成長しつつあるためなのです。

2023年のプチ占い（牡羊座～乙女座）

牡羊座 (3/21-4/20生まれ)

年の前半は「約12年に一度のターニングポイント」のまっただ中。新しい世界に飛び込んでいく人、大チャレンジをする人も。6月から10月上旬は「愛の時間」に突入する。フレッシュで楽しい年に。

牡牛座 (4/21-5/21生まれ)

仕事や社会的立場にまつわる重圧から解放された後、「約12年に一度のターニングポイント」に入る。何でもありの、自由な1年になりそう。家族愛に恵まれる。「居場所」が美しくゆたかになる年。

双子座 (5/22-6/22生まれ)

2022年8月からの「勝負」は3月まで続く。未来へのチケットを手に入れるための熱い闘い。仲間に恵まれる。さらに2026年にかけて社会的に「高い山に登る」プロセスに入る。千里の道も一歩から。

蟹座 (6/23-7/23生まれ)

5月までは「大活躍の時間」が続く。社会的立場が大きく変わる人、「ブレイク」を果たす人も。年の後半は交友関係が膨らみ、行動範囲が広がる。未来への新たなビジョン。経済的に嬉しい追い風が吹く。

獅子座 (7/24-8/23生まれ)

年の前半は「冒険と学びの時間」の中にある。未知の世界に旅する人、集中的に学ぶ人も。6月から10月上旬まで「キラキラの愛と楽しみの時間」へ。嬉しいことがたくさん起こりそう。人に恵まれる。

乙女座 (8/24-9/23生まれ)

年の前半は「大切な人のために勝負する」時間となる。挑戦の後、素晴らしい戦利品を手にできる。年の後半は未知の世界に飛び出していくことになりそう。旅行、長期の移動、新しい学びの季節へ。

（※天秤座～魚座はP.96）

HOSHIORI

蠍座 2023年 毎月の星模様

月間占い

◆星座と天体の記号

「毎月の星模様」では、簡単なホロスコープの図を掲載していますが、各種の記号の意味は、以下の通りです。基本的に西洋占星術で用いる一般的な記号をそのまま用いていますが、新月と満月は、本書オリジナルの表記です（一般的な表記では、月は白い三日月で示し、新月や満月を特別な記号で示すことはありません）。

♈：牡羊座	♉：牡牛座	♊：双子座
♋：蟹座	♌：獅子座	♍：乙女座
♎：天秤座	♏：蠍座	♐：射手座
♑：山羊座	♒：水瓶座	♓：魚座
⊙：太陽	●：新月	○：満月
☿：水星	♀：金星	♂：火星
♃：木星	♄：土星	♅：天王星
♆：海王星	♇：冥王星	
℞：逆行	Ð：順行	

◆ 月間占いのマーク

　また、「毎月の星模様」には、6種類のマークを添えてあります。マークの個数は「強度・ハデさ・動きの振り幅の大きさ」などのイメージを表現しています。マークの示す意味合いは、以下の通りです。

　マークが少ないと「運が悪い」ということではありません。言わば「追い風の風速計」のようなイメージで捉えて頂ければと思います。

★　特別なこと、大事なこと、全般的なこと

✊　情熱、エネルギー、闘い、挑戦にまつわること

🏠　家族、居場所、身近な人との関係にまつわること

¥　経済的なこと、物質的なこと、ビジネスにおける利益

✐　仕事、勉強、日々のタスク、忙しさなど

♥　恋愛、好きなこと、楽しいこと、趣味など

1

JANUARY

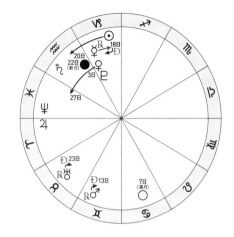

◆**暮らしに満ちる、愛と楽しみ。**

家族や身近な人と過ごす時間が増えそうです。来客も多く、い
つも家の中をキレイにしておこう、という意識が強まります。普
段あまり家族と話し合う機会を持っていない人も、この時期は
「みんなでいっしょに」という思いが強まるでしょう。居心地の
良い「この世の楽園」を作れる時です。

◆**古いコミュニケーションの復活。** ★彡★彡

懐かしい人から連絡が来そうです。途絶えていたコミュニケー
ションが「復活」するようなタイミングです。昔の仲間や兄弟
姉妹、幼なじみなどと連絡を取り合い、新しい計画を立てる人
もいるでしょう。また、かつて学んだことを「復習」できる時

でもあります。わかっているつもりのことを再度、基礎から学び直した時、大事なことを発見できます。

◆**停滞感からの脱出。**

昨年10月末頃から停滞や混乱を感じていた人は、13日頃を境にスランプを脱出できそうです。誰かの反応や行動を待つような状態だった人も、待ち状態が解除されるでしょう。

♥**「居場所」で育む愛。**

「一緒にいる時間」を大切にしたい時です。普段お互いの自由な活動を大切にしているカップルほど、この時期は「敢えて二人で過ごす時間を作る」ことを選びたくなるかもしれません。外に出るより「おうちデート」が楽しく感じられます。家にいて、二人でできる新しい楽しみを見つける人もいるでしょう。愛を探している人は、身近な場所に愛が見つかりそうです。いつも行く場所、近所、家族の交友関係などの中からふと、愛が芽生える気配があります。

》》 **1月 全体の星模様** 《

年末から逆行中の水星が、18日に順行に戻ります。月の上旬から半ば過ぎまでは、物事の展開がスローペースになりそうです。一方、10月末から双子座で逆行していた火星は、13日に順行に転じます。この間モタモタと混乱していた「勝負」は、13日を境に前進し始めるでしょう。この「勝負」は去年8月末からのプロセスですが、3月に向けて一気にラストスパートに入ります。

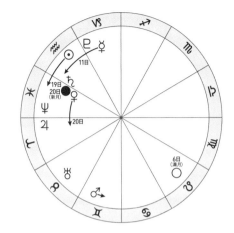

◆生活動線を再構築する。　　　　　　　　

家の中、作業場、仕事机などを、びしっと整理したくなりそう
です。モノの新たな配置を考え、「動線」を作れます。この作業
は身のまわりを心地良くするだけでなく、心や頭の中を「整理」
することに直結しています。身近な人とのこんがらがった関わ
りも、ここで「ほどく」ことができそうです。

◆楽しむこと、才能を活かすこと。　　　　❤ ❤ ❤

楽しいことの多い時期です。趣味や遊びなどはとても盛り上が
りますし、夢中になれることに出会う人もいるでしょう。クリ
エイティブな活動に取り組んでいる人には、素敵なチャンスが
巡ってきます。意外な人が認めてくれて一気に「ブレイク」に

向かう、といった展開も。才能が開花します。

◆**目標達成の場で、意外な出会いが。**
6日前後、仕事や対外的な活動に関して、大きな成果を挙げられそうです。目標達成、ミッション完了の節目です。ここでの「成果」は、新しい人脈や誰かとの特別な関わりをもたらします。成果がきっかけとなって「出会える」時です。

♥**正直な愛の願いを生きる時間。** ♥ ♥ ♥
素晴らしい愛の季節となっています。カップルは心が深く通じ合いますし、フリーの人、愛を探している人、片思い中の人も、びっくりするような愛の急展開が起こるかもしれません。人間関係や愛に関して「こうあらねばならない」という固定観念を取り外したところで、パッと愛が見つかる可能性があります。月の半ば以降は、自分から行動を起こす勇気が湧いてきそうです。3月まで、非常に官能的な時間も続いています。心の奥に渦巻く深い願いを生きられる時です。

>>> **2月 全体の星模様** <<<

金星が魚座、水星が水瓶座を運行します。両方とも「機嫌のいい」配置で、愛やコミュニケーションがストレートに進展しそうです。6日の獅子座の満月は天王星とスクエア、破壊力抜群です。変わりそうもないものが一気に変わる時です。20日は魚座で新月が起こり、同日金星が牡羊座に移動、木星と同座します。2023年前半のメインテーマに、明るいスイッチが入ります。

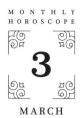

MONTHLY HOROSCOPE

3

MARCH

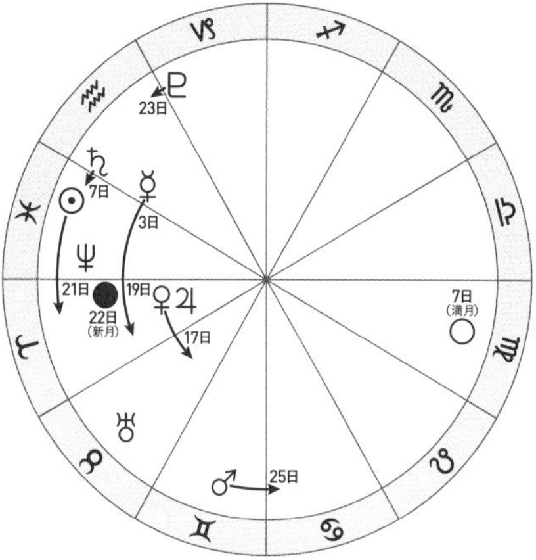

◈「好きなこと」への真剣味。

好きなこと、やりたいことに関して、普段よりストイックに打ち込めそうです。もっと真面目にやろう、本気でやろう、という思いが湧いてきます。遊びでやっていたことを本気でやり始めると、自信がなくなったり、緊張感が湧いたりするものです。悲観的な気持ちは、真剣さと通底しています。

◈少々「ゆるく」なっても大丈夫。

17日まで、日常が少々「ゆるく」なるようです。いつものルーティンが守れなかったり、怠け気味になったりするかもしれません。でも、自分を責める必要はなさそうです。自分の心身の「無言のニーズ」に、今は応えておくことが大事なのです。17

日を境に「ゆるさ」は消え、きりっとしたやる気とスピード感が出てきます。焦らず、自然体で。

◆「時間のカラー」が一変する。

23〜25日頃を境に、あなたの中を流れる時間の色が大きく変わります。目指していた場所に辿り着くような、探し物を最終的に探し当てるような安定感があるかもしれません。

♥ 愛の真剣さゆえの、真剣なまなざし。 ♥ ♥

月の上旬から中旬は、不思議と愛に対して慎重になるかもしれません。妙に冷静なあなたがいるようです。これは、より真剣に愛に向き合おうとしているということなのだと思います。恋人やパートナーに対して、普段より厳しくなってしまう自分を感じたら、少し立ち止まりたいところです。相手に求めるものが大きくなるのは、自分自身の内なる変化の表れなのかも。17日以降は一転して、あたたかな愛が流れ込みます。カップルもフリーの人も、ハッピーな時間を過ごせそうです。

》》 3月 全体の星模様 《

今年の中で最も重要な転換点です。土星が水瓶座から魚座へ、冥王星が山羊座から水瓶座へと移動します。冥王星は6月に一旦山羊座に戻りますが、今月が「終わりの始まり」です。多くの人が長期的なテーマの転換を経験するでしょう。去年8月下旬から双子座に滞在していた火星も冥王星の翌々日25日に蟹座に抜けます。この月末は、熱い時代の節目となりそうです。

MONTHLY
HOROSCOPE

4

APRIL

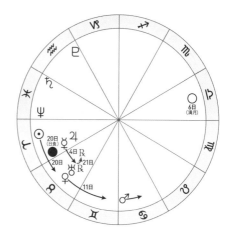

◆**意外な形で高評価を受ける。**

日常的に、当たり前に取り組んでいることが、突如高く評価されることになりそうです。意外な目上の人に引き立てられたり、ほめられたりといった展開も。また、学んできたことと今目の前の経験が強く結びつき、素晴らしい形で実力を発揮できるでしょう。地に足のついた急成長の時です。

◆**知的好奇心を通して、親密になれる。**

公私ともに、面白い出会いが期待できます。特に、年齢が離れた相手や知的好奇心を共有できる相手との関わりが盛り上がるでしょう。人から物事を学ぼうとする姿勢が、親密な関係を作るコツとなります。バックグラウンドが違う相手ほど、今は息

40

が合いやすいかもしれません。普段のテリトリーから離れたところで、個人的な結びつきを作れそうです。

◆冒険と学びへの情熱。

遠出する機会が増えそうです。出張や留学、遠征など、なんらかの重要な目的を抱いての冒険に臨む人が少なくないでしょう。勉強や研究活動などにも熱い追い風が吹いてきます。

♥意外な愛の「復活」の予感。

月の上旬はキラキラした愛の季節が続いています。フリーの人もカップルも、嬉しいことが多いでしょう。さらに月の半ばから後半には「再会・復活」の気配が強まります。失ったと思った愛が蘇 (よみがえ) ったり、倦怠期気味だった気持ちがリフレッシュしたりするかもしれません。二人で懐かしい場所に「再訪」する機会も。愛を探している人は、旧交をあたためることから愛が見つかるかもしれません。非常に意外な人との縁が結ばれる可能性もあります。20日前後、突然の愛のドラマも。

>> 4月 全体の星模様 <<

昨年8月下旬から火星が位置した双子座に11日、金星が入ります。さらに水星は21日からの逆行に向けて減速しており、「去年後半から3月までガンガン勝負していたテーマに、ふんわりとおだやかな時間がやってくる」ことになりそうです。半年以上の激闘を労うような、優しい時間です。20日、木星が位置する牡羊座で日食が起こります。特別なスタートラインです。

MONTHLY
HOROSCOPE

5

MAY

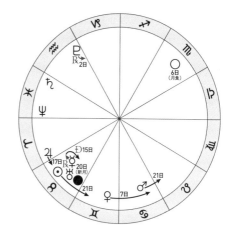

◆**ダイナミックな人間ドラマの始まり。**　★彡★彡★彡

人間関係において、とてもドラマティックな展開が起こりそう
です。公私ともに出会いもあり、関わりの深まりもあり、再会
もありと「なんでもアリ」の状態です。さらにここから2024年
5月にまたがって、この人間ドラマはどんどんダイナミックな
広がりを見せるのです。とにかく「人が面白い」時です。

◆**「人」との関わりを通して学ぶ。**　

先月からの「冒険と学びの時間」が21日まで続いています。精
力的に行動範囲を広げ、知見を増やせるでしょう。集中的に学
んで成果を挙げられる時でもあります。情熱的な「師」に出会
い、導かれる展開も。人と一緒に学んだり、自分が誰かの「先

生」になることによってより深く学んだりできる時でもあります。学びの場でも「人」がカギになるようです。

◈ 蠍座の月食、ターニングポイント。

6日前後、かなり大きめの転機が巡ってくるかもしれません。これまでの積み重ねが、意外な形に「化ける」気配が。

♥ 驚きを伴う、愛のドラマ。 ♥ ♥ ♥

恋愛に関しても、前述の「人間関係のドラマ」が全て当てはまります。パートナーがいる人は、二人の関係にドラマティックな要素が入り込み、常になくドキドキさせられるかもしれません。愛を探している人は意外な展開の中で突然、出会いが巡ってきそうです。この時期フリーの人にもカップルにも共通しているのは、「意外性・突発性」です。「穏やかさ」や「自然さ」は、この時期にはほぼ当てはまりません。「予想通り・予定通り」の展開にもならないだろうと思います。愛の世界においても「人」の奥深さに驚かされそうです。

≫ 5月 全体の星模様 ≪

3月に次いで、節目感の強い月です。まず6日、蠍座で月食が起こります。天王星と180度、この日の前後にかなりインパクトの強い変化が起こるかもしれません。15日に逆行中の水星が順行へ、17日に木星が牡羊座から牡牛座に移動します。これも非常に強い「節目」の動きです。約1年の流れがパッと変わります。21日、火星と太陽が星座を移動し、全体にスピード感が増します。

MONTHLY
HOROSCOPE

6

JUNE

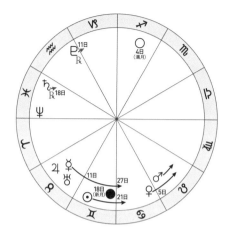

◆**熱い挑戦の季節。**　✊✊✊

熱い「勝負」の季節に入っています。仕事や対外的な活動において素敵なチャンスを掴み、ガンガンチャレンジできそうです。昇進や転職、独立など、社会的立場がガラッと変わる人もいるかもしれません。この時期は特に「誰と一緒に活動するか」が非常に重要です。「相方」を得る人も。

◆**お金の「めぐり」が良くなる。**　💴💴

経済活動を「きちんと整理」できる時期です。お金の流れを可視化したり、家族内でのお金の分担や使い方を見直したりと、感覚的にやっていたことを「見える化」することで経済状態が改善します。ビジネスにおいても資金的な余裕が生まれ、より積

極的なアクションが可能になりそうです。

◆**生活のコンディションを見つめ直す。** 🏠

11日以降、生活の雰囲気が少し落ち着くかもしれません。3月末からの新しい状況を見つめ直す余裕が出てきます。

♥**不安や孤独感を、受け止めてもらえる。** ★彡★彡

このところ愛について感じている不安や疑念、孤独感を、大切な人がガッチリ受け止めてくれそうです。自分の中だけに収めようとしていた愛の悩みも、この時期は自然に相手に打ち明けることができるかもしれません。相手の態度が冷たいと感じていたけれど、実は変わっていたのは自分自身の態度だった、といった発見もあるかもしれません。率直な対話の中で、愛についての問題意識を相手と共有できます。愛を探している人は、お見合いなど「正式」な手立てでの出会いが有望です。また、一緒に仕事をしている相手など「共闘」できる人とも縁ができやすい時です。

》 **6月 全体の星模様** 《

火星と金星が獅子座に同座し、熱量が増します。特に3月末から蟹座にあった火星はくすぶっているような状態にあったので、6月に入ると雨が上がってからっと晴れ上がるような爽快さが感じられるかもしれません。牡牛座に入った木星は魚座の土星と60度を組み、長期的な物事を地に足をつけて考え、軌道に乗せるような流れが生まれます。全体に安定感のある月です。

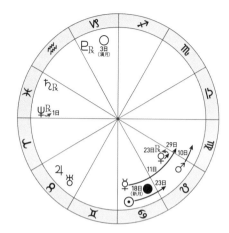

◆ **プレッシャーの後の、楽しい活躍。**

5月末からの熱いチャレンジの時間が10日まで続きます。強い
プレッシャーの中で闘い続けてきた人も、中旬には勝利を手に
し、ひと息つけるでしょう。中旬以降はとても爽やかな、楽し
い忙しさに包まれます。ここまでリスクを取って切り開いたフ
ィールドで、愉快に大活躍できそうです。

◆ **変化に富んだ、熱い人間関係。**

2023年後半のテーマ「人間関係」に、いろいろな方面から新し
い刺激がもたらされます。たとえば、交友関係の中から「相方」
のような存在が現れるとか、取り組んでいる活動を高く評価し
てくれた他者と大親友になるとか、そんな展開があるかもしれ

ません。人との関わりがとても刺激的な変化を見せそうなのです。オープンで率直なアプローチによって、意外な人と親密になれる時です。3日前後、素晴らしいコミュニケーションが生まれそうです。理解者に恵まれます。

♥「発破をかけてもらう」ような展開。　　　　　✊✊

先月に引き続き、愛についての不安や疑念を、いろいろな人が受け止めてくれる時間となっています。今月は特に「友達」が力強くサポートしてくれるかもしれません。たとえば、愛についての悩みを友達に話したら、ごく冷静かつ積極的に「それは疑心暗鬼や思い込みでは？」「疑念自体が相手にも負担になっているのでは？」など、建設的な意見を投げかけてくれる、といった展開になるかもしれません。ただ受容されるだけでなく、「発破をかけてくれる」ような熱いサポートを得て、勇気が湧いてきそうです。愛を探している人はたとえば「友達とケンカしていたら、いつのまにかその相手と付き合うことになっていた」といったイレギュラーなドラマの気配が。

≫≫ 7月 全体の星模様 ≪

10日に火星が獅子座から乙女座へ、11日に水星が蟹座から獅子座へ移動します。火星が抜けた獅子座に金星と水星が同座し、とても爽やかな雰囲気に包まれます。5月末から熱い勝負を挑んできたテーマが、一転してとても楽しく軽やかな展開を見せるでしょう。一方、乙女座入りした火星は土星、木星と「調停」の形を結びます。問題に正面から向き合い、解決できます。

MONTHLY
HOROSCOPE

8

AUGUST

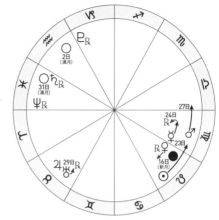

◆先に進むことより、大事なこと。

「楽しい忙しさ」が続いています。少しゆるすぎるかな？と不安
になるような場面もあるかもしれませんが、今はカリカリと先
を急ぐより、楽しむ気持ち、立ち止まる気持ちを大事にしたい
ところです。効率や合理性より、関わっている人々の気持ち、満
足度や幸福度に目を向けるべき時のようです。

◆積極的だからこそ生じる衝突。

引き続き、熱い人間関係に揉まれる時間です。交友関係がぐっ
と広がりますし、友達や仲間から刺激を受けて意欲が倍加しそ
うです。一方、仲間内のトラブルや友達同士の衝突も起こりや
すいかもしれません。この「衝突」は、みんなが積極的で真剣

に関わろうとしているからこそ起こるもので、決して「悪いこと」ではないようです。すぐに仲直りさせようとするより、まずは思いをぶつけ合うことが大事です。仲間同士で学び合い、情熱を共有し合う中で、未来への可能性がどんどん広ります。勇気を出して「自分」をぶつけてみて。

◈人の意見を聞いてから、決断する。　　　★彡★彡★彡

2日前後、かなり大きめのターニングポイントが巡ってくるかもしれません。重要なことをガツンと決断する人が多そうです。最終的に決めるのは自分自身でも、関係者の意見を深く聞くことは大切です。「聞く耳」を持って。

♥愛のための努力が報われる時。　　　　　　♥ ♥

大切な人のために、とても頑張れそうです。過去に「もっとこうすればよかった」という後悔のある人ほど、ここではその後悔を払拭するようないい動きができるでしょう。月末、愛の難問がふと解決に向かう気配が。努力が報われます。

≫ 8月 全体の星模様 ≪

乙女座に火星と水星が同座し、忙しい雰囲気に包まれます。乙女座は実務的な星座で、この時期多くの人が「任務」にいつも以上に注力することになりそうです。一方、獅子座の金星は逆行しながら太陽と同座しています。怠けたりゆるんだりすることも、今はとても大事です。2日と31日に満月が起こりますが、特に31日の満月は土星と重なり、問題意識が強まりそうです。

MONTHLY
HOROSCOPE

9

SEPTEMBER

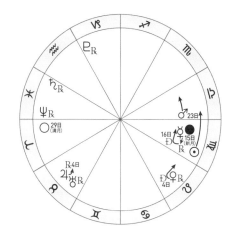

◆**一つの問題解決が、他の問題解決に繋がる。**　　★彡★彡

隠れた問題を解決できる時です。長い間悩んできたこと、慢性的な問題、「いつかやろう」と気にしながら後回しにし続けてきたことなどがあれば、この時期正面からぶつかって、根本解決できそうです。一つの問題を解消したことで、他の意外な分野での問題も連鎖的に解決していく可能性が。

◆**じっくり取り組むことで、友情が回復する。**　　♥

先月まで交友関係や仲間内でのトラブルに悩んでいたなら、今月に入ると衝突や摩擦が一気にトーンダウンします。ただ、一気に関係が好転するわけではなく、特に月の後半は一人一人、丁寧にフォローして気持ちの回復に努める必要があるようです。先

を急がず、じっくり時間をかけて一人一人と話を重ねることで、徐々に流れが良くなり、15・16日頃を境に一気に風通しの良い人間関係を取り戻せそうです。この時期あなたが取り組んだコミュニケーション上の努力は、後になって大いに感謝されることになるでしょう。焦らないで。

◆アクティブに楽しむ。

先月の仕事や対外的な活動における「ゆるさ」が、今月に入ると徐々に引き締まります。同じ「楽しむ」スタンスでも、より前向きに、アクティブになれそうです。

♥見ていないようで、実は見てくれている。　　　　　　♥

向上心の高さ、他者への優しさ、人としての誠実さなどが、愛にもダイレクトな影響を及ぼします。特に、弱い立場にある人や困っている人へのアプローチを、誰かが見ていてくれる気配があるのです。誰も見ていないように思えるシチュエーションほど、「理想の自分」でいることが大事です。

》》 9月 全体の星模様 《

月の前半、水星が乙女座で逆行します。物事の振り返りややり直しに見るべきものが多そうです。15日に乙女座で新月、翌16日に水星順行、ここが「節目」になるでしょう。物事がスムーズな前進に転じます。8月に逆行していた金星も4日、順行に戻り、ゆるみがちだったことがだんだん好調になってきます。火星は天秤座で少し不器用に。怒りのコントロールが大切です。

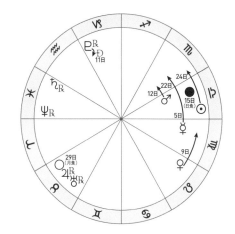

◆「縁の下の力持ち」から「表舞台」へ。

月の上旬、かなり大きな「問題解決」が実現するかもしれません。あなたの水面下の努力により、周囲の人々を「救う」ことになる気配も。12日以降は熱い勝負の時間に入ります。持ち味をのびのびと活かせますし、強いスポットライトを浴びる場面も増えるでしょう。「水を得た魚」の時間帯です。

◆熱量のギャップは、ひとまず受け入れる。

仲間や友達との関係がとても明るくなります。みんなで和気藹々（わきあいあい）とできますし、一緒にいるだけで楽しく感じられるでしょう。ただ、「内輪受け」「ぬるま湯に浸かる」ような危機感を抱く人もいるかもしれません。刺激を与え合って頑張りたいのに、周囲

がどこかゆるく、甘え合うような雰囲気に包まれているので、苛立ちを感じる、という人もいるだろうと思います。ただ、「みんなが全く同じ気持ち」である必要はないのかもしれません。周囲の「ゆるさ」を受け入れた上で、自分は「熱く」ある、ということも可能なはずです。

◆水面下でのコンセンサス。

事前の意識合わせや根回しなど、表に出ないコミュニケーションが必要になるかもしれません。全員が揃ったところで話す前に、「下ごしらえ」のような対話が役に立つ気配が。

♥自分の熱をそのままぶつけられる。

パワフルな時期です。自分からどんどん動けますし、相手の反応もすこぶる前向きです。情熱をストレートにぶつけても、しっかり受け止めてもらえるでしょう。月末、あなたから相手へと働きかけてきたその努力が、大きく報われます。愛を探している人は、交友関係の中から愛が芽生える気配が。

≫ 10月 全体の星模様 ≪

獅子座の金星が9日に乙女座へ、天秤座の火星が12日に蠍座へ、それぞれ移動します。月の上旬は前月の雰囲気に繋がっていますが、中旬に入る頃にはガラッと変わり、熱いチャレンジの雰囲気が強まるでしょう。15日、天秤座で日食が起こります。人間関係の大きな転換点です。月末には木星の近くで月食、2023年のテーマの「マイルストーン」的な出来事の気配が。

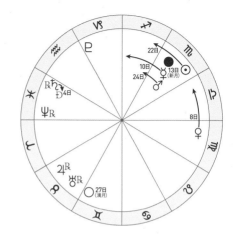

◆思い切ってぶつかれる「相手」。　

熱い活躍の時間が続いています。24日頃まで、全力をぶつけられるテーマが目の前にあるはずです。自分自身と闘っている人、新しいことに挑戦している人、ライバルと火花を散らし合っている人もいるかもしれません。この時期はあなたのパワーをどーんと受け止めてくれる「相手」に恵まれます。

◆利害を超えて、助け合える。　

「縁の下の力持ち」のような存在に助けられるかもしれません。あなたに愛情や好意を抱いていてくれる人が、そっとサポートしてくれる気配があります。あるいはあなたのほうから誰かに、無償で救いの手を差し伸べることになるのかもしれません。利

54

害を超えた助け合いの中から、大切な信頼関係が育ちます。普段あまり人に心を開かない人も、ここでは「この人なら！」と思える相手が見つかる可能性があります。

◈ レシートはしっかり保管を。

面白いものが手に入る時です。好きなアイテムに関する情報が飛び込んできたり、気になるスポットができたりと、ワクワクすることが増えるでしょう。ただ、この時期はお金に関して計算を間違えたり、予算を大きくオーバーしてしまったりと、「思い違い」をしやすいかもしれません。お金に関する記録、レシートなどをしっかり残すと、役に立ちそうです。

♥ 自分から動けば、愛も動く。

愛の世界でも引き続き、情熱のドラマが展開しそうです。自分から動くことで愛が動きます。月末、愛に関するあなたの悩みや疑念を、パートナーが深く受け止めてくれるかもしれません。愛を探している人は、自分の弱さを認めてみて。

》11月 全体の星模様 《

火星は24日まで蠍座に、金星は8日から天秤座に入ります。どちらも「自宅」の配置で、パワフルです。愛と情熱、人間関係と闘争に関して、大きな勢いが生まれるでしょう。他者との関わりが密度を増します。水星は10日から射手座に入りますが、ここでは少々浮き足立つ感じがあります。特に、コミュニケーションや交通に関して、「脱線」が生じやすいかもしれません。

12

DECEMBER

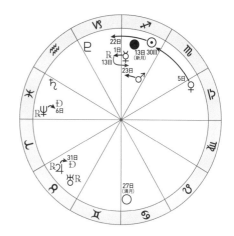

◆**楽しむこと、ゆるめること。**

楽しい時間です。遊びや集まりのお誘いがたくさんありそうですし、自分からもあれこれ面白い企画を思いつき、いろいろな人に声をかけていけるでしょう。一方、先月までの「勝負」の疲れをここで癒す人もいそうです。ゆるゆるでも、弾けていても、肯定・受容してくれる「誰か」の存在に恵まれます。

◆**お金で買えるもの、買えないもの。**

経済活動が熱く盛り上がります。稼ぐほうも使うほうも、普段よりスケールが大きくなるでしょう。収入アップのためにアクションを起こす人、大きな買い物に臨む人もいるはずです。この時期は特に「誰かのため」にお金を使いたくなるかもしれま

せん。見返りを期待したり、経済的に「尽くす」ことで愛情を確保しようとしたりする心理に陥ると、後悔する可能性が。お金で買えるものと買えないものとを区別して。

◈懐かしい人とのやりとり。 ★★

懐かしい人から連絡が来るかもしれません。あるいは、あなたの側から昔の友人知人にコンタクトを取ることになるのかもしれません。古い音信が新しい知見に繋がります。

♥「いいほうに捉える」ことで進展する。 ♥♥♥

キラキラの愛の時間です。ゆたかな愛の関係を楽しめるでしょう。愛を探している人も、素敵なチャンスを掴めます。ただ、この時期は胸に湧き上がる愛の感情を、制御しにくいかもしれません。気持ちが先走って暴走したり、思い込みで動いて後で誤解に気づいたりするケースも。特に、連絡やメッセージに行き違いが生じやすいので、そうした混乱を「悪く取る」ことをしないよう、気をつけたいところです。

12月 全体の星模様

火星は射手座に、金星は蠍座に、水星は山羊座に入ります。年末らしく忙しい雰囲気です。経済は沸騰気味、グローバルなテーマが注目されそうです。13日が転換点で射手座の新月、水星が逆行開始です。ここまで外へ外へと広がってきたものが、一転して内向きに展開し始める可能性も。27日、蟹座の満月は水星、木星と小三角を組み、今年1年の「まとめ」を照らし出します。

HOSHIORI

月と星で読む
蠍座 365日のカレンダー

◆月の巡りで読む、12種類の日。

　毎日の占いをする際、最も基本的な「時計の針」となるのが、月の動きです。「今日、月が何座にいるか」がわかれば、今日のあなたの生活の中で、どんなテーマにスポットライトが当たっているかがわかります（P.64からの「365日のカレンダー」に、毎日の月のテーマが書かれています。）マークは新月や満月など、◆マークは星の動きです）。

　本書では、月の位置による「その日のテーマ」を、右の表のように表しています。

　月は1ヵ月で12星座を一回りするので、一つの星座に2日半ほど滞在します。ゆえに、右の表の「○○の日」は、毎日変わるのではなく、2日半ほどで切り替わります。

　月が星座から星座へと移動するタイミングが、切り替えの時間です。この「切り替えの時間」はボイドタイムの終了時間と同じです。

1. **スタートの日**：物事が新しく始まる日。
「仕切り直し」ができる、フレッシュな雰囲気の日。

2. **お金の日**：経済面・物質面で動きが起こりそうな日。
自分の手で何かを創り出せるかも。

3. **メッセージの日**：素敵なコミュニケーションが生まれる。
外出、勉強、対話の日。待っていた返信が来る。

4. **家の日**：身近な人や家族との関わりが豊かになる。
家事や掃除など、家の中のことをしたくなるかも。

5. **愛の日**：恋愛他、愛全般に追い風が吹く日。
好きなことができる。自分の時間を作れる。

6. **メンテナンスの日**：体調を整えるために休む人も。
調整や修理、整理整頓、実務などに力がこもる。

7. **人に会う日**：文字通り「人に会う」日。
人間関係が活性化する。「提出」のような場面も。

8. **プレゼントの日**：素敵なギフトを受け取れそう。
他人のアクションにリアクションするような日。

9. **旅の日**：遠出することになるか、または、
遠くから人が訪ねてくるかも。専門的学び。

10. **達成の日**：仕事や勉強など、頑張ってきたことについて、
何らかの結果が出るような日。到達。

11. **友だちの日**：交友関係が広がる、賑やかな日。
目指している夢や目標に一歩近づけるかも。

12. **ひみつの日**：自分一人の時間を持てる日。
自分自身としっかり対話できる。

◆太陽と月と星々が巡る「ハウス」のしくみ。

前ページの、月の動きによる日々のテーマは「ハウス」というしくみによって読み取れます。

「ハウス」は、「世俗のハウス」とも呼ばれる、人生や生活の様々なイベントを読み取る手法です。12星座の一つ一つを「部屋」に見立て、そこに星が出入りすることで、その時間に起こる出来事の意義やなりゆきを読み取ろうとするものです。

自分の星座が「第1ハウス」で、そこから反時計回りに12まで数字を入れてゆくと、ハウスの完成です。

第1ハウス：「自分」のハウス
第2ハウス：「生産」のハウス
第3ハウス：「コミュニケーション」のハウス
第4ハウス：「家」のハウス
第5ハウス：「愛」のハウス
第6ハウス：「任務」のハウス
第7ハウス：「他者」のハウス
第8ハウス：「ギフト」のハウス
第9ハウス：「旅」のハウス
第10ハウス：「目標と結果」のハウス
第11ハウス：「夢と友」のハウス
第12ハウス：「ひみつ」のハウス

例：蠍座の人の場合

3　山羊座
2　射手座
1　蠍座
4　水瓶座
12　天秤座
5　魚座
11　乙女座
6　牡羊座
10　獅子座
7　牡牛座
9　蟹座
8　双子座

自分の星座が
第1ハウス　　反時計回り

たとえば、今日の月が射手座に位置していたとすると、この日は「第2ハウスに月がある」ということになります。

前々ページの「○○の日」の前に打ってある数字は、実はハウスを意味しています。「第2ハウスに月がある」日は、「2. お金の日」です。

太陽と月、水星から海王星までの惑星、そして準惑星の冥王星が、この12のハウスをそれぞれのスピードで移動していきます。「どの星がどのハウスにあるか」で、その時間のカラーやそのとき起こっていることの意味を、読み解くことができるのです。詳しくは『星読み+ 2022〜2032年データ改訂版』(幻冬舎コミックス刊)、または『月で読むあしたの星占い』(すみれ書房刊)でどうぞ!

1 ·JANUARY·

1 日
メンテナンスの日 ▶ 人に会う日 　　　　　　　　　　　　[ボイド 〜02:10]
「自分の世界」から「外界」へ出るような節目。

2 月
人に会う日
人に会ったり、会う約束をしたりする日。出会いの気配も。

3 火
人に会う日 ▶ プレゼントの日 　　　　　　　　　　　[ボイド 07:17〜11:46]
他者との関係に、さらに一歩踏み込めるように。
◆金星が「家」のハウスへ。身近な人とのあたたかな交流。愛着。
居場所を美しくする。

4 水
プレゼントの日
人から貴重なものを受け取れる。提案を受ける場面も。

5 木
プレゼントの日 ▶ 旅の日 　　　　　　　　　　　　[ボイド 09:09〜23:16]
遠い場所との間に、橋が架かり始める。

6 金
旅の日
遠出したり、遠くから人が訪ねてくれたりする日。発信力も増す。

7 土
○旅の日
遠出したり、遠くから人が訪ねてくれたりする日。発信力も増す。
☽「旅」のハウスで満月。遠い場所への扉が「満を持して」開かれる。
遠くまで声が届く。

8 日
旅の日 ▶ 達成の日 　　　　　　　　　　　　　　[ボイド 07:25〜11:42]
意欲が湧く。はっきりした成果が出る時間へ。

9 月
達成の日
目標に手が届く。結果が出る日。人から認められる場面も。

10 火
達成の日 　　　　　　　　　　　　　　　　　　　　[ボイド 10:54〜]
目標に手が届く。結果が出る日。人から認められる場面も。

11 水
達成の日 ▶ 友だちの日 　　　　　　　　　　　　[ボイド 〜00:17]
肩の力が抜け、伸びやかな気持ちになれる。

12 木
友だちの日
未来のプランを立てる。友だちと過ごせる。チームワーク。

13 金
友だちの日 ▶ ひみつの日 　　　　　　　　　　　[ボイド 08:08〜11:58]
ざわめきから少し離れたくなる。自分の時間。
◆火星が「ギフト」のハウスで順行へ。人の態度が積極的なものへ
と変わる。熱心さへの対応。

14 土
ひみつの日
一人の時間。過去を振り返り、戦略を練る。自分を大事にする。

15 日
☽ひみつの日 ▶ スタートの日 　　　　　　　　　　[ボイド 17:41〜21:10]
新しいことを始めやすい時間に切り替わる。

16 月
スタートの日
主役の意識で動く。新しい選択肢を選べる。気持ちが切り替わる。

17 火　スタートの日　　　　　　　　　　　　　　　　　[ボイド 23:29〜]
主役の意識で動く。新しい選択肢を選べる。気持ちが切り替わる。

18 水　スタートの日 ▶ お金の日　　　　　　　　　　　　[ボイド 〜02:35]
物質面・経済活動が活性化する時間に入る。
◆水星が「コミュニケーション」のハウスで順行へ。コミュニケーションや勉強に関し、リズムが整っていく。

19 木　お金の日　　　　　　　　　　　　　　　　　　　[ボイド 19:10〜]
いわゆる「金運がいい」日。実入りが良く、いい買い物もできそう。

20 金　お金の日 ▶ メッセージの日　　　　　　　　　　　[ボイド 〜04:13]
「動き」が出てくる。コミュニケーションの活性。
◆太陽が「家」のハウスへ。1年のサイクルの中で「居場所・家・心」を整備し直すとき。

21 土　メッセージの日
待っていた朗報が届く。勉強が捗る。外に出たくなる日。

22 日　● メッセージの日 ▶ 家の日　　　　　　　　　　[ボイド 00:54〜03:30]
生活環境や身内に目が向かう。原点回帰。
☽「家」のハウスで新月。心の置き場所が新たに定まる。日常に新しい風が吹き込む。

23 月　家の日　　　　　　　　　　　　　　　　　　　　[ボイド 19:21〜]
「普段の生活」が充実。身内との関係強化。環境改善ができる。
◆天王星が「他者」のハウスで順行へ。人間関係をより自立した対等なものへと構築し直せる。

24 火　家の日 ▶ 愛の日　　　　　　　　　　　　　　　　[ボイド 〜02:37]
愛の追い風が吹く。好きなことができる。

25 水　愛の日
愛について嬉しいことがある。子育て、趣味、創作にも追い風が。

26 木　愛の日 ▶ メンテナンスの日　　　　　　　　　　　[ボイド 01:13〜03:50]
「やりたいこと」から「やるべきこと」へのシフト。

27 金　メンテナンスの日
生活や心身の故障部分を修理できる。ケアしたり、されたり。
◆金星が「愛」のハウスへ。華やかな愛の季節の始まり。創造的活動への強い追い風。

28 土　メンテナンスの日 ▶ 人に会う日　　　　　　　　　[ボイド 06:03〜08:44]
「自分の世界」から「外界」へ出るような節目。

29 日　◗ 人に会う日
人に会ったり、会う約束をしたりする日。出会いの気配も。

30 月　人に会う日 ▶ プレゼントの日　　　　　　　　　　[ボイド 14:54〜17:36]
他者との関係に、さらに一歩踏み込めるように。

31 火　プレゼントの日
人から貴重なものを受け取れる。提案を受ける場面も。

2 ·FEBRUARY·

1 水　プレゼントの日　　　　　　　　　　　　　　　　　　　［ボイド 21:00〜］
人から貴重なものを受け取れる。提案を受ける場面も。

2 木　プレゼントの日 ▶ 旅の日　　　　　　　　　　　　　　　［ボイド 〜05:13］
遠い場所との間に、橋が架かり始める。

3 金　旅の日
遠出したり、遠くから人が訪ねてくれたりする日。発信力も増す。

4 土　旅の日 ▶ 達成の日　　　　　　　　　　　　　　　　　［ボイド 15:21〜17:50］
意欲が湧く。はっきりした成果が出る時間へ。

5 日　達成の日
目標に手が届く。結果が出る日。人から認められる場面も。

6 月　○ 達成の日　　　　　　　　　　　　　　　　　　　　　［ボイド 23:17〜］
目標に手が届く。結果が出る日。人から認められる場面も。
🌙「目標と結果」のハウスで満月。目標達成のとき。社会的立場が
一段階上がる節目。

7 火　達成の日 ▶ 友だちの日　　　　　　　　　　　　　　　　［ボイド 〜06:16］
肩の力が抜け、伸びやかな気持ちになれる。

8 水　友だちの日
未来のプランを立てる。友だちと過ごせる。チームワーク。

9 木　友だちの日 ▶ ひみつの日　　　　　　　　　　　　　　　［ボイド 15:42〜17:48］
ざわめきから少し離れたくなる。自分の時間。

10 金　ひみつの日
一人の時間。過去を振り返り、戦略を練る。自分を大事にする。

11 土　ひみつの日
一人の時間。過去を振り返り、戦略を練る。自分を大事にする。
◆水星が「家」のハウスへ。来訪者。身近な人との対話。若々しい
風が居場所に吹き込む。

12 日　ひみつの日 ▶ スタートの日　　　　　　　　　　　　　　［ボイド 01:43〜03:36］
新しいことを始めやすい時間に切り替わる。

13 月　スタートの日
主役の意識で動く。新しい選択肢を選べる。気持ちが切り替わる。

14 火　● スタートの日 ▶ お金の日　　　　　　　　　　　　　　［ボイド 08:54〜10:33］
物質面・経済活動が活性化する時間に入る。

15 水　お金の日
いわゆる「金運がいい」日。実入りが良く、いい買い物もできそう。

16 木　お金の日 ▶ メッセージの日　　　　　　　　　　　　　　［ボイド 10:07〜14:01］
「動き」が出てくる。コミュニケーションの活性。

17 金　メッセージの日
待っていた朗報が届く。勉強が捗る。外に出たくなる日。

18 土　メッセージの日 ▶ 家の日　　　　　　　　　　　　　　[ボイド 13:19〜14:36]
生活環境や身内に目が向かう。原点回帰。

19 日　家の日
「普段の生活」が充実。身内との関係強化。環境改善ができる。
◆太陽が「愛」のハウスへ。1年のサイクルの中で「愛・喜び・創
造性」を再生するとき。

20 月　●家の日 ▶ 愛の日　　　　　　　　　　　　　　[ボイド 11:02〜13:58]
愛の追い風が吹く。好きなことができる。
🌙「愛」のハウスで新月。愛が「生まれる」ようなタイミング。大切な
ものと結びつく。◆金星が「任務」のハウスへ。美しい生活スタイル
の実現。美のための習慣。楽しい仕事。

21 火　愛の日
愛について嬉しいことがある。子育て、趣味、創作にも追い風が。

22 水　愛の日 ▶ メンテナンスの日　　　　　　　　　　[ボイド 13:07〜14:15]
「やりたいこと」から「やるべきこと」へのシフト。

23 木　メンテナンスの日
生活や心身の故障部分を修理できる。ケアしたり、されたり。

24 金　メンテナンスの日 ▶ 人に会う日　　　　　　　[ボイド 16:23〜17:31]
「自分の世界」から「外界」へ出るような節目。

25 土　人に会う日
人に会ったり、会う約束をしたりする日。出会いの気配も。

26 日　人に会う日　　　　　　　　　　　　　　　　　[ボイド 23:44〜]
人に会ったり、会う約束をしたりする日。出会いの気配も。

27 月　◑人に会う日 ▶ プレゼントの日　　　　　　　　[ボイド 〜00:49]
他者との関係に、さらに一歩踏み込めるように。

28 火　プレゼントの日
人から貴重なものを受け取れる。提案を受ける場面も。

3 ·MARCH·

1 水
プレゼントの日 ▶ 旅の日 　　　　　　　　　　　　　　　　　　[ボイド 10:09〜11:42]
遠い場所との間に、橋が架かり始める。

2 木
旅の日
遠出したり、遠くから人が訪ねてくれたりする日。発信力も増す。

3 金
旅の日 　　　　　　　　　　　　　　　　　　　　　　　　　　[ボイド 23:24〜]
遠出したり、遠くから人が訪ねてくれたりする日。発信力も増す。
◆水星が「愛」のハウスへ。愛に関する学び、教育。若々しい創造性、遊び。知的創造。

4 土
旅の日 ▶ 達成の日 　　　　　　　　　　　　　　　　　　　　[ボイド 〜00:17]
意欲が湧く。はっきりした成果が出る時間へ。

5 日
達成の日
目標に手が届く。結果が出る日。人から認められる場面も。

6 月
達成の日 ▶ 友だちの日 　　　　　　　　　　　　　　　　　[ボイド 12:20〜12:40]
肩の力が抜け、伸びやかな気持ちになれる。

7 火
○友だちの日
未来のプランを立てる。友だちと過ごせる。チームワーク。
☽「夢と友」のハウスで満月。希望してきた条件が整う。友や仲間への働きかけが「実る」。◆土星が「愛」のハウスへ。ここから約2年半をかけて愛の堅牢な城を建設していく。

8 水
友だちの日 ▶ ひみつの日 　　　　　　　　　　　　　　　　[ボイド 23:09〜23:46]
ざわめきから少し離れたくなる。自分の時間。

9 木
ひみつの日
一人の時間。過去を振り返り、戦略を練る。自分を大事にする。

10 金
ひみつの日
一人の時間。過去を振り返り、戦略を練る。自分を大事にする。

11 土
ひみつの日 ▶ スタートの日 　　　　　　　　　　　　　　　[ボイド 08:38〜09:07]
新しいことを始めやすい時間に切り替わる。

12 日
スタートの日
主役の意識で動く。新しい選択肢を選べる。気持ちが切り替わる。

13 月
スタートの日 ▶ お金の日 　　　　　　　　　　　　　　　　[ボイド 16:00〜16:22]
物質面・経済活動が活性化する時間に入る。

14 火
お金の日
いわゆる「金運がいい」日。実入りが良く、いい買い物もできそう。

15 水
◑お金の日 ▶ メッセージの日 　　　　　　　　　　　　　　[ボイド 17:52〜21:07]
「動き」が出てくる。コミュニケーションの活性。

16 木
メッセージの日
待っていた朗報が届く。勉強が捗る。外に出たくなる日。

17 金
メッセージの日 ▶ 家の日 　　　　　　　　　　　　　　［ボイド 23:15～23:27］
生活環境や身内に目が向かう。原点回帰。
◆金星が「他者」のハウスへ。人間関係から得られる喜び。愛ある
パートナーシップ。

18 土
家の日
「普段の生活」が充実。身内との関係強化。環境改善ができる。

19 日
家の日 　　　　　　　　　　　　　　　　　　　　　　［ボイド 19:35～］
「普段の生活」が充実。身内との関係強化。環境改善ができる。
◆水星が「任務」のハウスへ。日常生活の整理、整備。健康チェッ
ク。心身の調律。

20 月
家の日 ▶ 愛の日 　　　　　　　　　　　　　　　　　　［ボイド ～00:14］
愛の追い風が吹く。好きなことができる。

21 火
愛の日
愛について嬉しいことがある。子育て、趣味、創作にも追い風が。
◆太陽が「任務」のハウスへ。1年のサイクルの中で「健康・任務・
日常」を再構築するとき。

22 水
● 愛の日 ▶ メンテナンスの日 　　　　　　　　　　　［ボイド 01:00～01:03］
「やりたいこと」から「やるべきこと」へのシフト。
☽「任務」のハウスで新月。新しい生活習慣、新しい任務がスタート
するとき。体調の調整。

23 木
メンテナンスの日
生活や心身の故障部分を修理できる。ケアしたり、されたり。
◆冥王星が「家」のハウスへ。ここから2043年頃にかけ、居場所が
「再生」する。家族関係の刷新。

24 金
メンテナンスの日 ▶ 人に会う日 　　　　　　　　　　［ボイド 02:15～03:44］
「自分の世界」から「外界」へ出るような節目。

25 土
人に会う日
人に会ったり、会う約束をしたりする日。出会いの気配も。
◆火星が「旅」のハウスへ。ここから「遠征」「挑戦の旅」に出発する
人も。学びへの情熱。

26 日
人に会う日 ▶ プレゼントの日 　　　　　　　　　　　［ボイド 01:21～09:43］
他者との関係に、さらに一歩踏み込めるように。

27 月
プレゼントの日
人から貴重なものを受け取れる。提案を受ける場面も。

28 火
プレゼントの日 ▶ 旅の日 　　　　　　　　　　　　　［ボイド 10:41～19:24］
遠い場所との間に、橋が架かり始める。

29 水
◗ 旅の日
遠出したり、遠くから人が訪ねてくれたりする日。発信力も増す。

30 木
旅の日 　　　　　　　　　　　　　　　　　　　　　　［ボイド 22:47～］
遠出したり、遠くから人が訪ねてくれたりする日。発信力も増す。

31 金
旅の日 ▶ 達成の日 　　　　　　　　　　　　　　　　［ボイド ～07:33］
意欲が湧く。はっきりした成果が出る時間へ。

4 ・APRIL・

1 土
達成の日
目標に手が届く。結果が出る日。人から認められる場面も。

2 日
達成の日 ▶ 友だちの日 [ボイド 15:05〜19:59]
肩の力が抜け、伸びやかな気持ちになれる。

3 月
友だちの日
未来のプランを立てる。友だちと過ごせる。チームワーク。

4 火
友だちの日 [ボイド 22:52〜]
未来のプランを立てる。友だちと過ごせる。チームワーク。
◆水星が「他者」のハウスへ。正面から向き合う対話。調整のための交渉。若い人との出会い。

5 水
友だちの日 ▶ ひみつの日 [ボイド 〜06:53]
ざわめきから少し離れたくなる。自分の時間。

6 木
○ひみつの日 [ボイド 21:44〜]
一人の時間。過去を振り返り、戦略を練る。自分を大事にする。
○「ひみつ」のハウスで満月。時間をかけて治療してきた傷が癒える。自他を赦し赦される。

7 金
ひみつの日 ▶ スタートの日 [ボイド 〜15:31]
新しいことを始めやすい時間に切り替わる。

8 土
スタートの日
主役の意識で動く。新しい選択肢を選べる。気持ちが切り替わる。

9 日
スタートの日 ▶ お金の日 [ボイド 18:11〜21:58]
物質面・経済活動が活性化する時間に入る。

10 月
お金の日
いわゆる「金運がいい」日。実入りが良く、いい買い物もできそう。

11 火
お金の日 [ボイド 19:49〜]
いわゆる「金運がいい」日。実入りが良く、いい買い物もできそう。
◆金星が「ギフト」のハウスへ。欲望の解放と調整、他者への要求、他者からの要求。甘え。

12 水
お金の日 ▶ メッセージの日 [ボイド 〜02:35]
「動き」が出てくる。コミュニケーションの活性。

13 木
◑メッセージの日 [ボイド 23:16〜]
待っていた朗報が届く。勉強が捗る。外に出たくなる日。

14 金
メッセージの日 ▶ 家の日 [ボイド 〜05:44]
生活環境や身内に目が向かう。原点回帰。

15 土
家の日
「普段の生活」が充実。身内との関係強化。環境改善ができる。

16 日
家の日 ▶ 愛の日 [ボイド 00:17〜07:58]
愛の追い風が吹く。好きなことができる。

17	月	愛の日 愛について嬉しいことがある。子育て、趣味、創作にも追い風が。

18 火 愛の日 ▶ メンテナンスの日　　　　　　　　　　　　[ボイド 03:59〜10:11]
「やりたいこと」から「やるべきこと」へのシフト。

19 水 メンテナンスの日
生活や心身の故障部分を修理できる。ケアしたり、されたり。

20 木 ●メンテナンスの日 ▶ 人に会う日　　　　　　　　　[ボイド 13:14〜13:31]
「自分の世界」から「外界」へ出るような節目。
☽「任務」のハウスで日食。特別な形で新しい生活が始まる。心身の健康が転換点に。◆太陽が「他者」のハウスへ。1年のサイクルの中で人間関係を「結び直す」とき。

21 金 人に会う日
人に会ったり、会う約束をしたりする日。出会いの気配も。
◆水星が「他者」のハウスで逆行開始。人間関係の復活、再会。迷路を抜けて人に会う。

22 土 人に会う日 ▶ プレゼントの日　　　　　　　　　　[ボイド 12:43〜19:13]
他者との関係に、さらに一歩踏み込めるように。

23 日 プレゼントの日
人から貴重なものを受け取れる。提案を受ける場面も。

24 月 プレゼントの日　　　　　　　　　　　　　　　　[ボイド 21:17〜]
人から貴重なものを受け取れる。提案を受ける場面も。

25 火 プレゼントの日 ▶ 旅の日　　　　　　　　　　　　[ボイド 〜04:00]
遠い場所との間に、橋が架かり始める。

26 水 旅の日
遠出したり、遠くから人が訪ねてくれたりする日。発信力も増す。

27 木 旅の日 ▶ 達成の日　　　　　　　　　　　　　　　[ボイド 08:42〜15:31]
意欲が湧く。はっきりした成果が出る時間へ。

28 金 ●達成の日
目標に手が届く。結果が出る日。人から認められる場面も。

29 土 達成の日　　　　　　　　　　　　　　　　　　　[ボイド 19:54〜]
目標に手が届く。結果が出る日。人から認められる場面も。

30 日 達成の日 ▶ 友だちの日　　　　　　　　　　　　[ボイド 〜04:01]
肩の力が抜け、伸びやかな気持ちになれる。

5 ・MAY・

1 月
友だちの日
未来のプランを立てる。友だちと過ごせる。チームワーク。

2 火
友だちの日 ▶ ひみつの日　　　　　　　　　　　[ボイド 08:54〜15:11]
ざわめきから少し離れたくなる。自分の時間。
◆冥王星が「家」のハウスで逆行開始。居場所に求めるものが水面下で増えてゆく。

3 水
ひみつの日
一人の時間。過去を振り返り、戦略を練る。自分を大事にする。

4 木
ひみつの日 ▶ スタートの日　　　　　　　　　　[ボイド 18:18〜23:34]
新しいことを始めやすい時間に切り替わる。

5 金
スタートの日
主役の意識で動く。新しい選択肢を選べる。気持ちが切り替わる。

6 土
○スタートの日　　　　　　　　　　　　　　　　[ボイド 23:39〜]
主役の意識で動く。新しい選択肢を選べる。気持ちが切り替わる。
🌙「自分」のハウスで月食。時が満ちて、不思議な「羽化・変身」を遂げられるとき。

7 日
スタートの日 ▶ お金の日　　　　　　　　　　　[ボイド 〜05:06]
物質面・経済活動が活性化する時間に入る。
◆金星が「旅」のハウスへ。楽しい旅の始まり、旅の仲間。研究の果実。距離を越える愛。

8 月
お金の日
いわゆる「金運がいい」日。実入りが良く、いい買い物もできそう。

9 火
お金の日 ▶ メッセージの日　　　　　　　　　　[ボイド 05:30〜08:35]
「動き」が出てくる。コミュニケーションの活性。

10 水
メッセージの日
待っていた朗報が届く。勉強が捗る。外に出たくなる日。

11 木
メッセージの日 ▶ 家の日　　　　　　　　　　　[ボイド 08:54〜11:07]
生活環境や身内に目が向かう。原点回帰。

12 金
❶家の日
「普段の生活」が充実。身内との関係強化。環境改善ができる。

13 土
家の日 ▶ 愛の日　　　　　　　　　　　　　　　[ボイド 12:17〜13:41]
愛の追い風が吹く。好きなことができる。

14 日
愛の日
愛について嬉しいことがある。子育て、趣味、創作にも追い風が。

15 月
愛の日 ▶ メンテナンスの日　　　　　　　　　　[ボイド 11:58〜16:57]
「やりたいこと」から「やるべきこと」へのシフト。
◆水星が「他者」のハウスで順行へ。人間関係に関する混乱からの回復、前進。相互理解。

16 火　メンテナンスの日
生活や心身の故障部分を修理できる。ケアしたり、されたり。

17 水　メンテナンスの日 ▶ 人に会う日　　　　　　　　[ボイド 18:11～21:29]
「自分の世界」から「外界」へ出るような節目。
◆木星が「他者」のハウスへ。「パートナーシップと人間関係」の1年へ歩を進める。

18 木　人に会う日
人に会ったり、会う約束をしたりする日。出会いの気配も。

19 金　人に会う日
人に会ったり、会う約束をしたりする日。出会いの気配も。

20 土　●人に会う日 ▶ プレゼントの日　　　　　　　[ボイド 02:52～03:49]
他者との関係に、さらに一歩踏み込めるように。
🌙「他者」のハウスで新月。出会いのとき。誰かとの関係が刷新。未来への約束を交わす。

21 日　プレゼントの日
人から貴重なものを受け取れる。提案を受ける場面も。
◆火星が「目標と結果」のハウスへ。キャリアや社会的立場における「勝負」の季節へ。挑戦の時間。◆太陽が「ギフト」のハウスへ。1年のサイクルの中で経済的授受のバランスを見直すとき。

22 月　プレゼントの日 ▶ 旅の日　　　　　　　　　　[ボイド 07:13～12:30]
遠い場所との間に、橋が架かり始める。

23 火　旅の日
遠出したり、遠くから人が訪ねてくれたりする日。発信力も増す。

24 水　旅の日 ▶ 達成の日　　　　　　　　　　　　　[ボイド 18:14～23:36]
意欲が湧く。はっきりした成果が出る時間へ。

25 木　達成の日
目標に手が届く。結果が出る日。人から認められる場面も。

26 金　達成の日　　　　　　　　　　　　　　　　　[ボイド 15:40～]
目標に手が届く。結果が出る日。人から認められる場面も。

27 土　達成の日 ▶ 友だちの日　　　　　　　　　　　[ボイド ～12:07]
肩の力が抜け、伸びやかな気持ちになれる。

28 日　●友だちの日
未来のプランを立てる。友だちと過ごせる。チームワーク。

29 月　友だちの日 ▶ ひみつの日　　　　　　　　　　[ボイド 18:47～23:52]
ざわめきから少し離れたくなる。自分の時間。

30 火　ひみつの日
一人の時間。過去を振り返り、戦略を練る。自分を大事にする。

31 水　ひみつの日　　　　　　　　　　　　　　　　　[ボイド 23:55～]
一人の時間。過去を振り返り、戦略を練る。自分を大事にする。

6 ·JUNE·

1 木 ひみつの日 ▶ スタートの日 　　　　　　　　　　[ボイド 〜08:47]
新しいことを始めやすい時間に切り替わる。

2 金 スタートの日
主役の意識で動く。新しい選択肢を選べる。気持ちが切り替わる。

3 土 スタートの日 ▶ お金の日 　　　　　　　　　　[ボイド 09:53〜14:05]
物質面・経済活動が活性化する時間に入る。

4 日 ○お金の日
いわゆる「金運がいい」日。実入りが良く、いい買い物もできそう。
☽「生産」のハウスで満月。経済的・物質的な努力が実り、収穫が
得られる。豊かさ、満足。

5 月 お金の日 ▶ メッセージの日 　　　　　　　　　[ボイド 12:25〜16:33]
「動き」が出てくる。コミュニケーションの活性。
◆金星が「目標と結果」のハウスへ。目標達成と勲章。気軽に掴め
るチャンス。嬉しい配役。

6 火 メッセージの日
待っていた朗報が届く。勉強が捗る。外に出たくなる日。

7 水 メッセージの日 ▶ 家の日 　　　　　　　　　　[ボイド 13:41〜17:43]
生活環境や身内に目が向かう。原点回帰。

8 木 家の日
「普段の生活」が充実。身内との関係強化。環境改善ができる。

9 金 家の日 ▶ 愛の日 　　　　　　　　　　　　　　[ボイド 13:25〜19:16]
愛の追い風が吹く。好きなことができる。

10 土 愛の日
愛について嬉しいことがある。子育て、趣味、創作にも追い風が。

11 日 ◑愛の日 ▶ メンテナンスの日 　　　　　　　　[ボイド 22:22〜22:22]
「やりたいこと」から「やるべきこと」へのシフト。
◆逆行中の冥王星が「コミュニケーション」のハウスへ。2008年頃
からの対話の深化を振り返る時間に。◆水星が「ギフト」のハウス
へ。利害のマネジメント。コンサルテーション。カウンセリング。

12 月 メンテナンスの日
生活や心身の故障部分を修理できる。ケアしたり、されたり。

13 火 メンテナンスの日
生活や心身の故障部分を修理できる。ケアしたり、されたり。

14 水 メンテナンスの日 ▶ 人に会う日 　　　　　　　[ボイド 03:28〜03:33]
「自分の世界」から「外界」へ出るような節目。

15 木 人に会う日
人に会ったり、会う約束をしたりする日。出会いの気配も。

16 金 人に会う日 ▶ プレゼントの日 　　　　　　　　[ボイド 10:38〜10:47]
他者との関係に、さらに一歩踏み込めるように。

17 土　プレゼントの日
人から貴重なものを受け取れる。提案を受ける場面も。

18 日　●プレゼントの日 ▶ 旅の日　　　　　　　　　[ボイド 15:26〜19:59]
遠い場所との間に、橋が架かり始める。
◆土星が「愛」のハウスで逆行開始。愛に関する緊張感や孤独が軽くなっていく。🌙「ギフト」のハウスで新月。心の扉を開く。誰かに導かれての経験。ギフトから始まること。

19 月　旅の日
遠出したり、遠くから人が訪ねてくれたりする日。発信力も増す。

20 火　旅の日
遠出したり、遠くから人が訪ねてくれたりする日。発信力も増す。

21 水　旅の日 ▶ 達成の日　　　　　　　　　　　[ボイド 06:45〜07:06]
意欲が湧く。はっきりした成果が出る時間へ。
◆太陽が「旅」のハウスへ。1年のサイクルの中で「精神的成長」を確認するとき。

22 木　達成の日
目標に手が届く。結果が出る日。人から認められる場面も。

23 金　達成の日 ▶ 友だちの日　　　　　　　　　[ボイド 02:02〜19:37]
肩の力が抜け、伸びやかな気持ちになれる。

24 土　友だちの日
未来のプランを立てる。友だちと過ごせる。チームワーク。

25 日　友だちの日
未来のプランを立てる。友だちと過ごせる。チームワーク。

26 月　◑友だちの日 ▶ ひみつの日　　　　　　　[ボイド 07:26〜07:59]
ざわめきから少し離れたくなる。自分の時間。

27 火　ひみつの日
一人の時間。過去を振り返り、戦略を練る。自分を大事にする。
◆水星が「旅」のハウスへ。軽やかな旅立ち。勉強や研究に追い風が。導き手に恵まれる。

28 水　ひみつの日 ▶ スタートの日　　　　　　　[ボイド 17:20〜17:57]
新しいことを始めやすい時間に切り替わる。

29 木　スタートの日
主役の意識で動く。新しい選択肢を選べる。気持ちが切り替わる。

30 金　スタートの日　　　　　　　　　　　　　[ボイド 23:22〜]
主役の意識で動く。新しい選択肢を選べる。気持ちが切り替わる。

7 ·JULY·

1 土
スタートの日 ▶ お金の日　　　　　　　　　　　　　　　　[ボイド 〜00:01]
物質面・経済活動が活性化する時間に入る。
◆海王星が「愛」のハウスで逆行開始。自分の中にある愛のもつれ
を「解きほぐす」作業へ。

2 日
お金の日　　　　　　　　　　　　　　　　　　　　　　　[ボイド 22:35〜]
いわゆる「金運がいい」日。実入りが良く、いい買い物もできそう。

3 月
○お金の日 ▶ メッセージの日　　　　　　　　　　　　　[ボイド 〜02:22]
「動き」が出てくる。コミュニケーションの活性。
☽「コミュニケーション」のハウスで満月。重ねてきた勉強や対話が
実を結ぶとき。意思疎通が叶う。

4 火
メッセージの日
待っていた朗報が届く。勉強が捗る。外に出たくなる日。

5 水
メッセージの日 ▶ 家の日　　　　　　　　　　　　　　[ボイド 01:47〜02:32]
生活環境や身内に目が向かう。原点回帰。

6 木
家の日　　　　　　　　　　　　　　　　　　　　　　　[ボイド 22:43〜]
「普段の生活」が充実。身内との関係強化。環境改善ができる。

7 金
家の日 ▶ 愛の日　　　　　　　　　　　　　　　　　　[ボイド 〜02:34]
愛の追い風が吹く。好きなことができる。

8 土
愛の日
愛について嬉しいことがある。子育て、趣味、創作にも追い風が。

9 日
愛の日 ▶ メンテナンスの日　　　　　　　　　　　　　[ボイド 03:24〜04:21]
「やりたいこと」から「やるべきこと」へのシフト。

10 月
◑メンテナンスの日
生活や心身の故障部分を修理できる。ケアしたり、されたり。
◆火星が「夢と友」のハウスへ。交友関係やチームワークに「熱」が
こもる。夢を叶える勝負。

11 火
メンテナンスの日 ▶ 人に会う日　　　　　　　　　　　[ボイド 08:13〜08:57]
「自分の世界」から「外界」へ出るような節目。
◆水星が「目標と結果」のハウスへ。ここから忙しくなる。新しい課
題、ミッション、使命。

12 水
人に会う日
人に会ったり、会う約束をしたりする日。出会いの気配も。

13 木
人に会う日 ▶ プレゼントの日　　　　　　　　　　　　[ボイド 15:12〜16:28]
他者との関係に、さらに一歩踏み込めるように。

14 金
プレゼントの日
人から貴重なものを受け取れる。提案を受ける場面も。

15 土
プレゼントの日　　　　　　　　　　　　　　　　　　　[ボイド 21:37〜]
人から貴重なものを受け取れる。提案を受ける場面も。

16 日 プレゼントの日 ▶ 旅の日 [ボイド ～02:15]
遠い場所との間に、橋が架かり始める。

17 月 旅の日
遠出したり、遠くから人が訪ねてくれたりする日。発信力も増す。

18 火 ●旅の日 ▶ 達成の日 [ボイド 12:08～13:41]
意欲が湧く。はっきりした成果が出る時間へ。
☽「旅」のハウスで新月。旅に出発する。専門分野を開拓し始める。
矢文を放つ。

19 水 達成の日
目標に手が届く。結果が出る日。人から認められる場面も。

20 木 達成の日 [ボイド 23:10～]
目標に手が届く。結果が出る日。人から認められる場面も。

21 金 達成の日 ▶ 友だちの日 [ボイド ～02:14]
肩の力が抜け、伸びやかな気持ちになれる。

22 土 友だちの日
未来のプランを立てる。友だちと過ごせる。チームワーク。

23 日 友だちの日 ▶ ひみつの日 [ボイド 13:08～14:56]
ざわめきから少し離れたくなる。自分の時間。
◆金星が「目標と結果」のハウスで逆行開始。怠惰や寄り道も、最
終的には成果に繋がる。◆太陽が「目標と結果」のハウスへ。1年
のサイクルの中で「目標と達成」を確認するとき。

24 月 ひみつの日
一人の時間。過去を振り返り、戦略を練る。自分を大事にする。

25 火 ひみつの日
一人の時間。過去を振り返り、戦略を練る。自分を大事にする。

26 水 ◗ひみつの日 ▶ スタートの日 [ボイド 00:07～01:57]
新しいことを始めやすい時間に切り替わる。

27 木 スタートの日
主役の意識で動く。新しい選択肢を選べる。気持ちが切り替わる。

28 金 スタートの日 ▶ お金の日 [ボイド 07:38～09:26]
物質面・経済活動が活性化する時間に入る。

29 土 お金の日
いわゆる「金運がいい」日。実入りが良く、いい買い物もできそう。
◆水星が「夢と友」のハウスへ。仲間に恵まれる爽やかな季節。友
と夢を語れる。新しい計画。

30 日 お金の日 ▶ メッセージの日 [ボイド 08:53～12:46]
「動き」が出てくる。コミュニケーションの活性。

31 月 メッセージの日
待っていた朗報が届く。勉強が捗る。外に出たくなる日。

8 ·AUGUST·

1	火	メッセージの日 ▶ 家の日 [ボイド 11:14〜12:59] 生活環境や身内に目が向かう。原点回帰。
2	水	○家の日 「普段の生活」が充実。身内との関係強化。環境改善ができる。 🌙「家」のハウスで満月。居場所が「定まる」。身近な人との間で「心満ちる」とき。
3	木	家の日 ▶ 愛の日 [ボイド 06:17〜12:07] 愛の追い風が吹く。好きなことができる。
4	金	愛の日 愛について嬉しいことがある。子育て、趣味、創作にも追い風が。
5	土	愛の日 ▶ メンテナンスの日 [ボイド 10:22〜12:21] 「やりたいこと」から「やるべきこと」へのシフト。
6	日	メンテナンスの日 生活や心身の故障部分を修理できる。ケアしたり、されたり。
7	月	メンテナンスの日 ▶ 人に会う日 [ボイド 13:14〜15:26] 「自分の世界」から「外界」へ出るような節目。
8	火	◑人に会う日 人に会ったり、会う約束をしたりする日。出会いの気配も。
9	水	人に会う日 ▶ プレゼントの日 [ボイド 19:40〜22:07] 他者との関係に、さらに一歩踏み込めるように。
10	木	プレゼントの日 人から貴重なものを受け取れる。提案を受ける場面も。
11	金	プレゼントの日 人から貴重なものを受け取れる。提案を受ける場面も。
12	土	プレゼントの日 ▶ 旅の日 [ボイド 02:29〜07:54] 遠い場所との間に、橋が架かり始める。
13	日	旅の日 遠出したり、遠くから人が訪ねてくれたりする日。発信力も増す。
14	月	旅の日 ▶ 達成の日 [ボイド 16:48〜19:38] 意欲が湧く。はっきりした成果が出る時間へ。
15	火	達成の日 目標に手が届く。結果が出る日。人から認められる場面も。
16	水	●達成の日 [ボイド 18:40〜] 目標に手が届く。結果が出る日。人から認められる場面も。 🌙「目標と結果」のハウスで新月。新しいミッションがスタートするとき。目的意識が定まる。
17	木	達成の日 ▶ 友だちの日 [ボイド 〜08:16] 肩の力が抜け、伸びやかな気持ちになれる。

18 金
友だちの日
未来のプランを立てる。友だちと過ごせる。チームワーク。

19 土
友だちの日 ▶ ひみつの日 　　　　　　　　　　[ボイド 17:52〜20:55]
ざわめきから少し離れたくなる。自分の時間。

20 日
ひみつの日
一人の時間。過去を振り返り、戦略を練る。自分を大事にする。

21 月
ひみつの日
一人の時間。過去を振り返り、戦略を練る。自分を大事にする。

22 火
ひみつの日 ▶ スタートの日 　　　　　　　　　[ボイド 05:33〜08:24]
新しいことを始めやすい時間に切り替わる。

23 水
スタートの日
主役の意識で動く。新しい選択肢を選べる。気持ちが切り替わる。
◆太陽が「夢と友」のハウスへ。1年のサイクルの中で「友」「未来」
に目を向ける季節へ。

24 木
●スタートの日 ▶ お金の日 　　　　　　　　　[ボイド 14:12〜17:09]
物質面・経済活動が活性化する時間に入る。
◆水星が「夢と友」のハウスで逆行開始。古い交友関係の復活、過
去からももたらされる恵み。

25 金
お金の日
いわゆる「金運がいい」日。実入りが良く、いい買い物もできそう。

26 土
お金の日 ▶ メッセージの日 　　　　　　　　[ボイド 20:58〜22:07]
「動き」が出てくる。コミュニケーションの活性。

27 日
メッセージの日
待っていた朗報が届く。勉強が捗る。外に出たくなる日。
◆火星が「ひみつ」のハウスへ。内なる敵と闘って克服できる時間。
自分の真の強さを知る。

28 月
メッセージの日 ▶ 家の日 　　　　　　　　　[ボイド 20:51〜23:33]
生活環境や身内に目が向かう。原点回帰。

29 火
家の日
「普段の生活」が充実。身内との関係強化。環境改善ができる。
◆天王星が「他者」のハウスで逆行開始。人間関係を今までとは別
の目で見つめる。

30 水
家の日 ▶ 愛の日 　　　　　　　　　　　　　[ボイド 12:06〜22:58]
愛の追い風が吹く。好きなことができる。

31 木
〇愛の日
愛について嬉しいことがある。子育て、趣味、創作にも追い風が。
☽「愛」のハウスで満月。愛が「満ちる」「実る」とき。クリエイティブ
な作品の完成。

9 • SEPTEMBER •

1 金　愛の日 ▶ メンテナンスの日　　　　　　　　　　　　［ボイド 19:37〜22:26］
「やりたいこと」から「やるべきこと」へのシフト。

2 土　メンテナンスの日
生活や心身の故障部分を修理できる。ケアしたり、されたり。

3 日　メンテナンスの日　　　　　　　　　　　　　　　　　　［ボイド 20:58〜］
生活や心身の故障部分を修理できる。ケアしたり、されたり。

4 月　メンテナンスの日 ▶ 人に会う日　　　　　　　　　　　　［ボイド 〜00:01］
「自分の世界」から「外界」へ出るような節目。
◆金星が「目標と結果」のハウスで順行へ。明快な高評価を受けられるようになる。自信の回復。◆木星が「他者」のハウスで逆行開始。人との関わりを「成熟させる」期間へ。温めて孵るもの。

5 火　人に会う日
人に会ったり、会う約束をしたりする日。出会いの気配も。

6 水　人に会う日 ▶ プレゼントの日　　　　　　　　　　　　　［ボイド 01:48〜05:08］
他者との関係に、さらに一歩踏み込めるように。

7 木　◗ プレゼントの日
人から貴重なものを受け取れる。提案を受ける場面も。

8 金　プレゼントの日 ▶ 旅の日　　　　　　　　　　　　　　　［ボイド 07:23〜14:01］
遠い場所との間に、橋が架かり始める。

9 土　旅の日
遠出したり、遠くから人が訪ねてくれたりする日。発信力も増す。

10 日　旅の日　　　　　　　　　　　　　　　　　　　　　　　［ボイド 21:49〜］
遠出したり、遠くから人が訪ねてくれたりする日。発信力も増す。

11 月　旅の日 ▶ 達成の日　　　　　　　　　　　　　　　　　　［ボイド 〜01:38］
意欲が湧く。はっきりした成果が出る時間へ。

12 火　達成の日
目標に手が届く。結果が出る日。人から認められる場面も。

13 水　達成の日 ▶ 友だちの日　　　　　　　　　　　　　　　　［ボイド 00:07〜14:20］
肩の力が抜け、伸びやかな気持ちになれる。

14 木　友だちの日
未来のプランを立てる。友だちと過ごせる。チームワーク。

15 金　● 友だちの日　　　　　　　　　　　　　　　　　　　　　［ボイド 22:51〜］
未来のプランを立てる。友だちと過ごせる。チームワーク。
◗「夢と友」のハウスで新月。新しい仲間や友に出会えるとき。夢が生まれる。迷いが晴れる。

16 土　友だちの日 ▶ ひみつの日　　　　　　　　　　　　　　　［ボイド 〜02:46］
ざわめきから少し離れたくなる。自分の時間。
◆水星が「夢と友」のハウスで順行へ。交友関係の正常化、ネットワーク拡大の動きが再開する。

17	日	ひみつの日 一人の時間。過去を振り返り、戦略を練る。自分を大事にする。
18	月	ひみつの日 ▶ スタートの日　　　　　　　　　　　　[ボイド 10:08〜14:00] 新しいことを始めやすい時間に切り替わる。
19	火	スタートの日 主役の意識で動く。新しい選択肢を選べる。気持ちが切り替わる。
20	水	スタートの日 ▶ お金の日　　　　　　　　　　　　　[ボイド 19:23〜23:08] 物質面・経済活動が活性化する時間に入る。
21	木	お金の日 いわゆる「金運がいい」日。実入りが良く、いい買い物もできそう。
22	金	お金の日 いわゆる「金運がいい」日。実入りが良く、いい買い物もできそう。
23	土	●お金の日 ▶ メッセージの日　　　　　　　　　　　[ボイド 04:33〜05:22] 「動き」が出てくる。コミュニケーションの活性。 ◆太陽が「ひみつ」のハウスへ。新しい1年を目前にしての、振り返りと準備の時期。
24	日	メッセージの日 待っていた朗報が届く。勉強が捗る。外に出たくなる日。
25	月	メッセージの日 ▶ 家の日　　　　　　　　　　　　　[ボイド 05:07〜08:31] 生活環境や身内に目が向かう。原点回帰。
26	火	家の日　　　　　　　　　　　　　　　　　　　　　　[ボイド 21:40〜] 「普段の生活」が充実。身内との関係強化。環境改善ができる。
27	水	家の日 ▶ 愛の日　　　　　　　　　　　　　　　　　[ボイド 〜09:20] 愛の追い風が吹く。好きなことができる。
28	木	愛の日 愛について嬉しいことがある。子育て、趣味、創作にも追い風が。
29	金	○愛の日 ▶ メンテナンスの日　　　　　　　　　　　[ボイド 05:59〜09:19] 「やりたいこと」から「やるべきこと」へのシフト。 ☽「任務」のハウスで満月。日々の努力や蓄積が「実る」。自他の体調のケアに留意。
30	土	メンテナンスの日 生活や心身の故障部分を修理できる。ケアしたり、されたり。

10 ·OCTOBER·

1	日	メンテナンスの日 ▶ 人に会う日	[ボイド 06:51～10:20]

1 日 「自分の世界」から「外界」へ出るような節目。

2 月 人に会う日
人に会ったり、会う約束をしたりする日。出会いの気配も。

3 火 人に会う日 ▶ プレゼントの日 [ボイド 10:21～14:05]
他者との関係に、さらに一歩踏み込めるように。

4 水 プレゼントの日
人から貴重なものを受け取れる。提案を受ける場面も。

5 木 プレゼントの日 ▶ 旅の日 [ボイド 15:36～21:33]
遠い場所との間に、橋が架かり始める。
◆水星が「ひみつ」のハウスへ。思考が深まる。思索、瞑想、誰かのための勉強。記録の精査。

6 金 旅の日
遠出したり、遠くから人が訪ねてくれたりする日。発信力も増す。

7 土 旅の日
遠出したり、遠くから人が訪ねてくれたりする日。発信力も増す。

8 日 旅の日 ▶ 達成の日 [ボイド 04:13～08:26]
意欲が湧く。はっきりした成果が出る時間へ。

9 月 達成の日
目標に手が届く。結果が出る日。人から認められる場面も。
◆金星が「夢と友」のハウスへ。友や仲間との交流が華やかに。「恵み」を受け取れる。

10 火 達成の日 ▶ 友だちの日 [ボイド 18:38～21:03]
肩の力が抜け、伸びやかな気持ちになれる。

11 水 友だちの日
未来のプランを立てる。友だちと過ごせる。チームワーク。
◆冥王星が「コミュニケーション」のハウスで順行へ。知識欲やコミュニケーション欲求の波に乗る。

12 木 友だちの日
未来のプランを立てる。友だちと過ごせる。チームワーク。
◆火星が「自分」のハウスへ。熱い自己変革の季節へ。勝負、挑戦。自分から動きたくなる。

13 金 友だちの日 ▶ ひみつの日 [ボイド 05:12～09:24]
ざわめきから少し離れたくなる。自分の時間。

14 土 ひみつの日
一人の時間。過去を振り返り、戦略を練る。自分を大事にする。

15 日 ●ひみつの日 ▶ スタートの日 [ボイド 16:03～20:06]
新しいことを始めやすい時間に切り替わる。
☽「ひみつ」のハウスで日食。精神の「復活」。心の中の新しい扉が開かれる。桎梏からの自由。

16	月	スタートの日 主役の意識で動く。新しい選択肢を選べる。気持ちが切り替わる。	

17	火	スタートの日 主役の意識で動く。新しい選択肢を選べる。気持ちが切り替わる。	

18 水　スタートの日 ▶ お金の日　　　　　　　　　　　　　　　　　　[ボイド 00:45〜04:38]
物質面・経済活動が活性化する時間に入る。

19 木　お金の日
いわゆる「金運がいい」日。実入りが良く、いい買い物もできそう。

20 金　お金の日 ▶ メッセージの日　　　　　　　　　　　　　　　　[ボイド 04:04〜10:56]
「動き」が出てくる。コミュニケーションの活性。

21 土　メッセージの日
待っていた朗報が届く。勉強が捗る。外に出たくなる日。

22 日　●メッセージの日 ▶ 家の日　　　　　　　　　　　　　　　　[ボイド 15:02〜15:08]
生活環境や身内に目が向かう。原点回帰。
◆水星が「自分」のハウスへ。知的活動が活性化。若々しい気持ち、行動力。発言力の強化。

23 月　家の日
「普段の生活」が充実。身内との関係強化。環境改善ができる。

24 火　家の日 ▶ 愛の日　　　　　　　　　　　　　　　　　　　　　[ボイド 04:06〜17:35]
愛の追い風が吹く。好きなことができる。
◆太陽が「自分」のハウスへ。お誕生月の始まり、新しい1年への「扉」を開くとき。

25 水　愛の日
愛について嬉しいことがある。子育て、趣味、創作にも追い風が。

26 木　愛の日 ▶ メンテナンスの日　　　　　　　　　　　　　　　[ボイド 15:41〜19:03]
「やりたいこと」から「やるべきこと」へのシフト。

27 金　メンテナンスの日
生活や心身の故障部分を修理できる。ケアしたり、されたり。

28 土　メンテナンスの日 ▶ 人に会う日　　　　　　　　　　　　　[ボイド 17:21〜20:46]
「自分の世界」から「外界」へ出るような節目。

29 日　○人に会う日
人に会ったり、会う約束をしたりする日。出会いの気配も。
◐「他者」のハウスで月食。誰かとの関係が神秘的な「脱皮」を遂げるかも。努力が報われる。

30 月　人に会う日　　　　　　　　　　　　　　　　　　　　　　　[ボイド 20:37〜]
人に会ったり、会う約束をしたりする日。出会いの気配も。

31 火　人に会う日 ▶ プレゼントの日　　　　　　　　　　　　　　　[ボイド 〜00:09]
他者との関係に、さらに一歩踏み込めるように。

11 ・NOVEMBER・

1	水	プレゼントの日 [ボイド 21:38〜] 人から貴重なものを受け取れる。提案を受ける場面も。
2	木	プレゼントの日 ▶ 旅の日 [ボイド 〜06:32] 遠い場所との間に、橋が架かり始める。
3	金	旅の日 遠出したり、遠くから人が訪ねてくれたりする日。発信力も増す。
4	土	旅の日 ▶ 達成の日 [ボイド 12:29〜16:23] 意欲が湧く。はっきりした成果が出る時間へ。 ◆土星が「愛」のハウスで順行へ。一針一針愛を縫い上げる作業の 再開。時間のかかる創造。
5	日	❶達成の日 目標に手が届く。結果が出る日。人から認められる場面も。
6	月	達成の日 [ボイド 16:27〜] 目標に手が届く。結果が出る日。人から認められる場面も。
7	火	達成の日 ▶ 友だちの日 [ボイド 〜04:41] 肩の力が抜け、伸びやかな気持になれる。
8	水	友だちの日 未来のプランを立てる。友だちと過ごせる。チームワーク。 ◆金星が「ひみつ」のハウスへ。これ以降、純粋な愛情から行動で きる。一人の時間の充実も。
9	木	友だちの日 ▶ ひみつの日 [ボイド 13:57〜17:10] ざわめきから少し離れたくなる。自分の時間。
10	金	ひみつの日 一人の時間。過去を振り返り、戦略を練る。自分を大事にする。 ◆水星が「生産」のハウスへ。経済活動に知性を活かす。情報収集、 経営戦略。在庫整理。
11	土	ひみつの日 一人の時間。過去を振り返り、戦略を練る。自分を大事にする。
12	日	ひみつの日 ▶ スタートの日 [ボイド 00:07〜03:41] 新しいことを始めやすい時間に切り替わる。
13	月	●スタートの日 主役の意識で動く。新しい選択肢を選べる。気持ちが切り替わる。 ❶「自分」のハウスで新月。大切なことがスタートする節目。フレッ シュな「切り替え」。
14	火	スタートの日 ▶ お金の日 [ボイド 08:05〜11:25] 物質面・経済活動が活性化する時間に入る。
15	水	お金の日 いわゆる「金運がいい」日。実入りが良く、いい買い物もできそう。

16 木 　お金の日 ▶ メッセージの日 　　　　　　　　　[ボイド 07:59〜16:43]
「動き」が出てくる。コミュニケーションの活性。

17 金 　メッセージの日
待っていた朗報が届く。勉強が捗る。外に出たくなる日。

18 土 　メッセージの日 ▶ 家の日 　　　　　　　　　　[ボイド 17:29〜20:29]
生活環境や身内に目が向かう。原点回帰。

19 日 　家の日
「普段の生活」が充実。身内との関係強化。環境改善ができる。

20 月 　❶家の日 ▶ 愛の日 　　　　　　　　　　　　[ボイド 19:52〜23:31]
愛の追い風が吹く。好きなことができる。

21 火 　愛の日
愛について嬉しいことがある。子育て、趣味、創作にも追い風が。

22 水 　愛の日
愛について嬉しいことがある。子育て、趣味、創作にも追い風が。
◆太陽が「生産」のハウスへ。1年のサイクルの中で「物質的・経済的土台」を整備する。

23 木 　愛の日 ▶ メンテナンスの日 　　　　　　　　[ボイド 00:11〜02:21]
「やりたいこと」から「やるべきこと」へのシフト。

24 金 　メンテナンスの日
生活や心身の故障部分を修理できる。ケアしたり、されたり。
◆火星が「生産」のハウスへ。ほてりが収まって地に足がつく。経済的な「勝負」も。

25 土 　メンテナンスの日 ▶ 人に会う日 　　　　　　[ボイド 02:42〜05:30]
「自分の世界」から「外界」へ出るような節目。

26 日 　人に会う日
人に会ったり、会う約束をしたりする日。出会いの気配も。

27 月 　○人に会う日 ▶ プレゼントの日 　　　　　　[ボイド 06:53〜09:42]
他者との関係に、さらに一歩踏み込めるように。
☽「ギフト」のハウスで満月。人から「満を持して」手渡されるものがある。他者との融合。

28 火 　プレゼントの日
人から貴重なものを受け取れる。提案を受ける場面も。

29 水 　プレゼントの日 ▶ 旅の日 　　　　　　　　　[ボイド 10:05〜15:55]
遠い場所との間に、橋が架かり始める。

30 木 　旅の日
遠出したり、遠くから人が訪ねてくれたりする日。発信力も増す。

12 ·DECEMBER·

1 金
旅の日 [ボイド 22:08〜]
遠出したり、遠くから人が訪ねてくれたりする日。発信力も増す。
◆水星が「コミュニケーション」のハウスへ。知的活動の活性化、コミュニケーションの進展。学習の好機。

2 土
旅の日 ▶ 達成の日 [ボイド 〜01:02]
意欲が湧く。はっきりした成果が出る時間へ。

3 日
達成の日
目標に手が届く。結果が出る日。人から認められる場面も。

4 月
達成の日 ▶ 友だちの日 [ボイド 11:13〜12:52]
肩の力が抜け、伸びやかな気持ちになれる。

5 火
◗ 友だちの日
未来のプランを立てる。友だちと過ごせる。チームワーク。
◆金星が「自分」のハウスに。あなたの魅力が輝く季節の到来。愛に恵まれる楽しい日々へ。

6 水
友だちの日 [ボイド 22:52〜]
未来のプランを立てる。友だちと過ごせる。チームワーク。
◆海王星が「愛」のハウスで順行へ。純粋な愛と創造の時間へ。心の深奥にあるものの解放。

7 木
友だちの日 ▶ ひみつの日 [ボイド 〜01:36]
ざわめきから少し離れたくなる。自分の時間。

8 金
ひみつの日
一人の時間。過去を振り返り、戦略を練る。自分を大事にする。

9 土
ひみつの日 ▶ スタートの日 [ボイド 10:07〜12:36]
新しいことを始めやすい時間に切り替わる。

10 日
スタートの日
主役の意識で動く。新しい選択肢を選べる。気持ちが切り替わる。

11 月
スタートの日 ▶ お金の日 [ボイド 17:59〜20:13]
物質面・経済活動が活性化する時間に入る。

12 火
お金の日
いわゆる「金運がいい」日。実入りが良く、いい買い物もできそう。

13 水
● お金の日 [ボイド 15:50〜]
いわゆる「金運がいい」日。実入りが良く、いい買い物もできそう。
◗「生産」のハウスで新月。新しい経済活動をスタートさせる。新しいものを手に入れる。◆水星が「コミュニケーション」のハウスで逆行開始。過去に遡るコミュニケーション。対話の積み重ね。

14 木
お金の日 ▶ メッセージの日 [ボイド 〜00:33]
「動き」が出てくる。コミュニケーションの活性。

15 金
メッセージの日
待っていた朗報が届く。勉強が捗る。外に出たくなる日。

16 土
メッセージの日 ▶ 家の日　　　　　　　　　　　　[ボイド 01:05〜02:58]
生活環境や身内に目が向かう。原点回帰。

17 日
家の日　　　　　　　　　　　　　　　　　　　[ボイド 21:05〜]
「普段の生活」が充実。身内との関係強化。環境改善ができる。

18 月
家の日 ▶ 愛の日　　　　　　　　　　　　　　　[ボイド 〜05:00]
愛の追い風が吹く。好きなことができる。

19 火
愛の日
愛について嬉しいことがある。子育て、趣味、創作にも追い風が。

20 水
●愛の日 ▶ メンテナンスの日　　　　　　　　　[ボイド 06:05〜07:48]
「やりたいこと」から「やるべきこと」へのシフト。

21 木
メンテナンスの日
生活や心身の故障部分を修理できる。ケアしたり、されたり。

22 金
メンテナンスの日 ▶ 人に会う日　　　　　　　　[ボイド 11:49〜11:52]
「自分の世界」から「外界」へ出るような節目。
◆太陽が「コミュニケーション」のハウスへ。1年のサイクルの中で
コミュニケーションを繋ぎ直すとき。

23 土
人に会う日
人に会ったり、会う約束をしたりする日。出会いの気配も。
◆逆行中の水星が「生産」のハウスへ。経済面で取り戻せるものがある。見落としの精査。

24 日
人に会う日 ▶ プレゼントの日　　　　　　　　　[ボイド 15:41〜17:16]
他者との関係に、さらに一歩踏み込めるように。

25 月
プレゼントの日
人から貴重なものを受け取れる。提案を受ける場面も。

26 火
プレゼントの日　　　　　　　　　　　　　　　[ボイド 16:57〜]
人から貴重なものを受け取れる。提案を受ける場面も。

27 水
○プレゼントの日 ▶ 旅の日　　　　　　　　　　[ボイド 〜00:17]
遠い場所との間に、橋が架かり始める。
◗「旅」のハウスで満月。遠い場所への扉が「満を持して」開かれる。
遠くまで声が届く。

28 木
旅の日
遠出したり、遠くから人が訪ねてくれたりする日。発信力も増す。

29 金
旅の日 ▶ 達成の日　　　　　　　　　　　　　　[ボイド 07:59〜09:25]
意欲が湧く。はっきりした成果が出る時間へ。

30 土
達成の日
目標に手が届く。結果が出る日。人から認められる場面も。
◆金星が「生産」のハウスへ。経済活動の活性化、上昇気流。物質
的豊かさの開花。

31 日
達成の日 ▶ 友だちの日　　　　　　　　　　　　[ボイド 14:20〜20:55]
肩の力が抜け、伸びやかな気持ちになれる。
◆木星が「他者」のハウスで順行へ。人間関係を「再開」できる。
パートナーシップの正常化。

参考　カレンダー解説の文字・線の色

あなたの星座にとって星の動きがどんな意味を
持つか、わかりやすくカレンダーに書き込んで
みたのが、P89からの「カレンダー解説」です。
色分けは厳密なものではありませんが、だいた
い以下のようなイメージで分けられています。

―――― 赤色
インパクトの強い出来事、意欲や情熱、
パワーが必要な場面。

――― 水色
ビジネスや勉強、コミュニケーションなど、
知的な活動に関すること。

―――― 紺色
重要なこと、長期的に大きな意味のある変化。
精神的な変化、健康や心のケアに関すること。

――― 緑色
居場所、家族に関すること。

―――― ピンク色
愛や人間関係に関すること。嬉しいこと。

――― オレンジ色
経済活動、お金に関すること。

蠍座 2023年の
カレンダー解説

● 解説の文字・線の色のイメージは P.88 をご参照下さい ●

1 · JANUARY ·

mon	tue	wed	thu	fri	sat	sun
						1
2	3	4	5	6	⑦	8
9	10	11	12	13	14	15
16	17	18	19	20	21	22
23	24	25	26	27	28	29
30	31					

1/7　遠くから素敵な知らせが届くかも。あるいは、遠くまで自分の声が届く時。

1/3-1/27　居場所に愛が満ちる。家族や身近な人との関係が、とてもあたたかくなる。2020年頃からの苦労が愛によって報われるかも。

1/27-2/20　素晴らしい愛の季節。去年の愛のドラマがここでさらなる進展を見せるかも。

2 · FEBRUARY ·

mon	tue	wed	thu	fri	sat	sun
				1	2	3	4	5
⑥	7	8	9	10	11	12
13	14	15	16	17	18	19
⑳	21	22	23	24	25	26
27	28					

2/6　仕事や対外的な活動で、大きな成果を収められる。目標達成の時。「大成功！」のガッツポーズ。

2/20　「愛が生まれる」タイミング。クリエイティブな活動のテーマに出会う人も。インスピレーションが「降りてくる」ような時。

3 ·MARCH·

mon	tue	wed	thu	fri	sat	sun
			1	2	3	4	5
6	⑦	8	9	10	11	12
13	14	15	16	17	18	19
20	21	22	㉓	24	㉕	26
27	28	29	30	31		

4 ·APRIL·

mon	tue	wed	thu	fri	sat	sun
					1	2
3	4	5	6	7	8	9
10	11	12	13	14	15	16
17	18	19	20	21	22	23
24	25	26	27	28	29	30

3/7 ここから2026年頃にまたがって、時間をかけて愛を育てていくことになりそう。クリエイティブな活動に取り組んでいる人は、自分の活動が社会的な意義を帯びる。愛や創造に「責任」が生まれる。

3/17–4/11 人間関係やパートナーシップに、素晴らしい愛が満ちる。驚きを伴う、嬉しい出会いや進展も。

3/23 ここから2043年頃にかけて、自分の内面に深く根づいたものを掘り下げていくような作業が展開しそう。無意識のうちに「背負わされたもの」が表面化し、心の深い変容が起こる。

3/25–6/5 熱い学びの季節。遠征する人も。世界が広がる、情熱的な活動の時。

4/21–5/15 懐かしい人と再会できそう。関係の復活。

5 ·MAY·

mon	tue	wed	thu	fri	sat	sun
1	2	3	4	5	⑥	7
8	9	10	11	12	13	14
15	16	⑰	18	19	⑳	21
22	23	24	25	26	27	28
29	30	31				

5/6 「結実」するものがある時。頑張ってきたことが認められる。一皮むけるタイミング。

5/17–2024/5/26 人間関係とパートナーシップの転機へ。これ以降、公私ともに大切な関係が急成長する。出会いもあれば、関係性の変化も起こる。人生を変えるような関わりの季節。

5/20 「人間関係とパートナーシップの季節」の、最初のクライマックス。特別な出会いの気配。

5/21–7/10 チャレンジの季節。大勝負に出る人も。大きなチャンスが巡ってくる。

6 ·JUNE·

mon	tue	wed	thu	fri	sat	sun
			1	2	3	4
⑤	6	7	8	9	10	11
12	13	14	15	16	17	18
19	20	21	22	23	24	25
26	27	28	29	30		

6/5–10/9 キラキラのチャンスが巡ってくるかも。自分に合った舞台に立てる。

7 • JULY •

mon	tue	wed	thu	fri	sat	sun
					1	2
3	4	5	6	7	8	9
(10)	11	12	13	14	15	16
17	(18)	19	20	21	22	23
24	25	26	27	28	29	30
31						

7/10–8/27 チームのまとめ役として奮闘することになるかも。交友関係に熱がこもる。

7/18 遠くから朗報が届く気配が。待っていた「ゴーサイン」を受け取る人も。ここから学び始めたことは長続きする。

7/29–8/27 交友関係の「再燃」が起こるかも。懐かしい人に会い、新たな情熱を共有できる。古い夢にはたきをかける人も。

8 • AUGUST •

mon	tue	wed	thu	fri	sat	sun
	1	(2)	3	4	5	6
7	8	9	10	11	12	13
14	15	(16)	17	18	19	20
21	22	23	24	25	26	27
28	29	30	31			

8/2 自分の生活が「根づいた」ことを実感できる時。身近な人との絆が強まる。着地感。

8/16 新しい、とても魅力的なミッションがスタートする。人生を変えるような大きな選択をする人も。新しいパートナーシップを結べる。

9 · SEPTEMBER ·

mon	tue	wed	thu	fri	sat	sun
				1	2	3
④	5	6	7	8	9	10
11	12	13	14	15	16	17
18	19	20	21	22	23	24
25	26	27	28	29	30	

9/4 「相手と向き合う」状態から、「ともに目標を見つめる」状態にシフトして、重要な関係性が形成されていく時間に入る。

9/15・16 仲間や友だちとの関係において、混乱が収まり、急展開が始まる。未来への迷いが消える人も。

10 · OCTOBER ·

mon	tue	wed	thu	fri	sat	sun
						1
2	3	4	5	6	7	8
9	10	11	12	13	14	⑮
16	17	18	19	20	21	22
23	24	25	26	27	28	㉙
30	31					

10/15 意外な形で問題が解決するかも。長い間の悩みが、新しい方向に向かい始める。

10/12–11/24 原点回帰、持ち味をのびのびと出せる時間へ。パワフルな活動期。

10/29 誰かとの関係が大きく進展する。意外な形で、新しい人間関係が結ばれる。

11 · NOVEMBER ·

mon	tue	wed	thu	fri	sat	sun
		1	2	3	4	5
6	7	8	9	10	11	12
⑬	14	15	16	17	18	19
20	21	22	23	24	25	26
27	28	29	30			

11/13 特別な「スタート」のタイミング。誰かと協力して始められることがあるかも。

11/24–2024/1/23 経済活動が一気に盛り上がる。欲しいものが手に入る。誰かのために宝物をゲットしに行く、というような活動を始める人も。

12 · DECEMBER ·

mon	tue	wed	thu	fri	sat	sun
				1	2	3
4	5	6	7	8	9	10
11	12	13	14	15	16	17
18	19	20	21	22	23	24
25	26	27	28	29	30	㉛

12/5–12/30 愛の季節。不器用でも素直な愛情表現が輝く時。

12/31 年末年始、たくさんの連絡が来るかも。新しい年に向けて、たくさんの約束を交わすことになりそう。

2023年のプチ占い (天秤座〜魚座)

天秤座 (9/24-10/23生まれ)

「出会いの時間」が5月まで続く。公私ともに素敵な出会い・関わりに恵まれる。パートナーを得る人も。6月から10月上旬は交友関係に愛が満ちる。視野が広がり、より大きな場に立つことになる年。

蠍座 (10/24-11/22生まれ)

特別な「縁」が結ばれる年。不思議な経緯、意外な展開で、公私ともに新しい関わりが増えていく。6月から10月上旬、キラキラのチャンスが巡ってきそう。嬉しい役割を得て、楽しく活躍できる年。

射手座 (11/23-12/21生まれ)

年の前半は「愛と創造の時間」の中にある。誰かとの真剣勝負に挑んでいる人も。年の半ばを境に、「役割を作る」時間に入る。新たな任務を得ることになりそう。心身の調子が上向く。楽しい冒険旅行も。

山羊座 (12/22-1/20生まれ)

「居場所を作る」時間が5月まで続く。新たな住処を得る人、家族を得る人も。5月以降は「愛と創造の時間」へ。自分自身を解放するような、大きな喜びを味わえそう。経済的にも上昇気流が生じる。

水瓶座 (1/21-2/19生まれ)

2020年頃からのプレッシャーから解放される。孤独感が和らぎ、日々を楽しむ余裕を持つ。5月以降は素晴らしい愛と創造の時間へ。人を愛することの喜び、何かを生み出すことの喜びに満ちる。

魚座 (2/20-3/20生まれ)

強い意志をもって行動できる年。時間をかけてやり遂げたいこと、大きなテーマに出会う。経済的に強い追い風が吹く。年の半ば以降、素晴らしいコミュニケーションが生まれる。自由な学びの年。

(※牡羊座〜乙女座はP.30)

HOSHIORI

星のサイクル
冥王星

✿ 冥王星のサイクル

　2023年3月、冥王星が山羊座から水瓶座へと移動を開始します。この後も逆行・順行を繰り返しながら進むため、完全に移動が完了するのは2024年ですが、この3月から既に「水瓶座冥王星時代」に第一歩を踏み出すことになります。冥王星が山羊座入りしたのは2008年、それ以来の時間が、新しい時間へと移り変わってゆくのです。冥王星は根源的な変容、破壊と再生、隠された富、深い欲望などを象徴する星です。2008年はリーマン・ショックで世界が震撼した年でしたが、2023年から2024年もまた、時代の節目となるような象徴的な出来事が起こるのかもしれません。この星が星座から星座へと移動する時、私たちの人生にはどんな変化が感じられるでしょうか。次のページでは冥王星のサイクルを年表で表現し、続くページで各時代があなたの星座にとってどんな意味を持つか、少し詳しく説明しました。そしてさらに肝心の、2023年からの「水瓶座冥王星時代」があなたにとってどんな時間になるか、考えてみたいと思います。

◆◇○●◆◇○●◆◇○●◆◇○●◆◇○●◆◇○●◆◇○●◆◇○●◆◇○●◆◇○●◆◇○●◆

冥王星のサイクル年表（詳しくは次のページへ）

時　期	蠍座のあなたにとってのテーマ
1912年 - 1939年	「外部」への出口を探し当てる
1937年 - 1958年	人生全体を賭けられる目標を探す
1956年 - 1972年	友情、社会的生活の再発見
1971年 - 1984年	内面化された規範意識との対決
1983年 - 1995年	キャラクターの再構築
1995年 - 2008年	経済力、価値観、欲望の根本的再生
2008年 - 2024年	コミュニケーションの「迷路」を抜けてゆく
2023年 - 2044年	精神の最深部への下降、子供だった自分との再会
2043年 - 2068年	愛や創造的活動を通して、「もう一人の自分」に出会う
2066年 - 2097年	「生活」の根源的ニーズを発見する
2095年 - 2129年	他者との出会いにより、人生が変わる
2127年 - 2159年	他者の人生と自分の人生の結節点・融合点

※時期について／冥王星は順行・逆行を繰り返すため、星座の境界線を何度か往復してから移動を完了する。上記の表で、開始時は最初の移動のタイミング、終了時は移動完了のタイミング。

◆◇○●◆◇○●◆◇○●◆◇○●◆◇○●◆◇○●◆◇○●◆◇○●◆◇○●◆◇○●◆◇○●◆

◈ 1912-1939年 「外部」への出口を探し当てる

「人間はどこから来て、どこに行くのだろう」「宇宙の果てには、何があるのだろう」「死んだ後は、どうなるのだろう」。たとえばそんな問いを、誰もが一度くらいは考えたことがあるはずです。この時期はそうした問いに、深く突っ込んでいくことになります。宗教や哲学などを通して、人生が変わる時です。

◈ 1937-1958年 人生全体を賭けられる目標を探す

人生において最も大きな山を登る時間です。この社会において自分が持てる最大の力とはどんなものかを、徹底的に追求することになります。社会的成功への野心に、強烈に突き動かされます。「これこそが人生の成功だ」と信じられるイメージが、この時期の体験を通して根本的に変わります。

◈ 1956-1972年 友情、社会的生活の再発見

友達や仲間との関わり、「他者」の集団に身を置くことで自分を変えたい、という強い欲求が生まれます。自分を変えてくれるものこそはこれから出会う新たな友人である、というイメージが心を支配します。この広い世界と自分とをどのように結びつけ、居場所を得るかという大問題に立ち向かえる時です。

◈ 1971-1984年 内面化された規範意識との対決

自分の中で否定してきたこと、隠蔽してきたこと、背を向けてきたことの全てが、生活の水面上に浮かび上がる時です。たとえば何かが非常に気になったり、あるものを毛嫌いしたりする時、そこには自分の「内なるもの」がありありと映し出されています。精神の解放への扉を、そこに見いだせます。

◆ **1983 - 1995年 キャラクターの再構築**

「自分はこういう人間だ」「自分のキャラクターはこれだ」というイメージが根源的に変容する時期です。まず、自分でもコントロールできないような大きな衝動に突き動かされ、「自分らしくないこと」の方向に向かい、その結果、過去の自分のイメージが消え去って、新たなセルフイメージが芽生えます。

◆ **1995 - 2008年 経済力、価値観、欲望の根本的再生**

乗り物もない遠方で、突然自分の手では運べないほどの宝物を贈られたら、どうすればいいでしょうか。たとえばそんな課題から変容のプロセスがスタートします。強烈な欲望の体験、膨大な富との接触、その他様々な「所有・獲得」の激しい体験を通して、欲望や価値観自体が根源的に変化する時です。

◆ **2008 - 2024年 コミュニケーションの「迷路」を抜けてゆく**

これまで疑問を感じなかったことに、いちいち「?」が浮かぶようになります。「そういうものなのだ」と思い込んでいたことへの疑念が生活の随所に浮上します。そこから思考が深まり、言葉が深みを増し、コミュニケーションが迷路に入り込みます。この迷路を抜けたところに、知的変容が完成します。

◆ **2023 - 2044年 精神の最深部への下降、子供だった自分との再会**

不意に子供の頃の思い出と感情がよみがえり、その思いに飲み込まれるような状態になりやすい時です。心の階段を一段一段降りてゆき、より深い精神的世界へと触れることになります。この体験を通して、現代の家庭生活や人間関係、日常の風景が大きく変化します。「心」が根源的変容を遂げる時です。

◆ 2043-2068年　愛や創造的活動を通して、「もう一人の自分」に出会う

圧倒的な愛情が生活全体を飲み込む時です。恋愛、子供への愛、そのほかの存在への愛が、一時的に人生の「すべて」となることもあります。この没入、陶酔、のめり込みの体験を通して、人生が大きく変化します。個人としての感情を狂おしいほど生きられる時間です。創造的な活動を通して財を築く人も。

◆ 2066-2097年　「生活」の根源的ニーズを発見する

物理的な「身体」、身体の一部としての精神状態、現実的な「暮らし」が、根源的な変容のプロセスに入る時です。常識や社会のルール、責任や義務などへの眼差しが変化します。たとえば過酷な勤務とそこからの離脱を通して、「人生で最も大事にすべきもの」がわかる、といった経験をする人も。

◆ 2095-2129年　他者との出会いにより、人生が変わる

一対一の人間関係において、火山の噴火のような出来事が起こる時です。人間の内側に秘められたエネルギーが他者との関わりをきっかけとして噴出し、お互いにそれをぶつけ合うような状況が生じることも。その結果、人間として見違えるような変容を遂げることになります。人生を変える出会いの時間です。

◆ 2127-2159年　他者の人生と自分の人生の結節点・融合点

誰の人生も、自分だけの中に閉じた形で完結していません。他者の人生となんらかの形で融け合い、混じり合い、深く影響を与え合っています。時には境目が曖昧になり、ほとんど一体化することもあります。この時期はそうした「他者の人生との連結・融合」という、特別なプロセスが展開します。

◆○◇○◆○◇○◆○◇○◆○◇○◆○◇○◆○◇○◆○◇○◆○◇○◆○◇○◆○◇○◆○◇○◆○◇○◆

～2023年からのあなたの「冥王星時代」～
精神の最深部への下降、子供だった自分との再会

　2008年頃から今に至るまで、身近な人との人間関係が大きく変化したかもしれません。兄弟姉妹や幼なじみ、地域コミュニティで関わる人々、「この人たちは身内で、いつでも会える仲間だ」と思っていた相手と、いつのまにか距離ができ、つき合わなくなっていた、といった状況もあったかもしれません。あなた自身の思考が深まり、コミュニケーションスタイルが深く変容し、表面的なやりとりでは満足できなくなった結果、周囲が「あの人は変わってしまった」と感じて距離を取るようになったりしたこともあったのではないかと思います。ですがそうしたコミュニケーションの迷路を抜けて、今は身近にいる人々と、よりあたたかく深い関係を築きつつあるあなたがいるはずです。2023年から、あなたは心の中にある階段を、その最深部までまっすぐに降りていくことになりそうです。心の中に閉じ込められていた悲しみや痛み、苦しみ、疑問、心の痛みから生まれた様々な根深い問題などのほうへ、一歩一歩近づいていき、それらに直接触れることになるのです。心

◆○◇○◆○◇○◆○◇○◆○◇○◆○◇○◆○◇○◆○◇○◆○◇○◆○◇○◆○◇○◆○◇○◆○◇○◆

◆◇◇◇◆◇◇◇◆◇◇◇◆◇◇◇◆◇◇◇◆◇◇◇◆◇◇◇◆◇◇◇◆◇◇

の最深部にあるものはたいてい、幼い頃の体験や自分
のルーツ、場合によっては自分が生まれる以前の家族
の歴史などと繋がっています。そのため、この「心の
最深部をたどる」プロセスは、今現実の中にある家族
や身近な人々との関係に、強い影響を与える可能性が
あります。たとえば、幼い頃に深く傷つけられた記憶
が蘇り、自分を傷つけた当時の大人を激しく攻撃する、
といった現象が起こるかもしれません。こうした出来
事は一時的に、家族関係を崩壊させることもあります。
粘り強い関わりの試みが積み重ねられた結果、家族観
や人生観が、根の深いところから「再生」します。一
時的に家族がばらばらになったり、自分のいるべき場
所がわからなくなったりするかもしれませんが、その
先に新たな形で、居場所や身内を「起ち上げる」こと
ができます。知らなかったルーツを発見したり、ずっ
と棚に上げていた複雑な親子関係と向き合ったりする
人もいるかもしれません。思い出や過去の記憶と向き
合う作業を通して、精神が新たな生命力を帯び始めま
す。この時期の終わり頃にはきっと「これが自分の居
場所だ」と実感できる場所に立てるはずです。

◆◇◇◇◆◇◇◇◆◇◇◇◆◇◇◇◆◇◇◇◆◇◇◇◆◇◇◇◆◇◇◇◆◇◇

HOSHIORI

12星座プロフィール

SCORPIO

蠍座のプロフィール
情熱の星座

I desire.

【 キャラクター 】

◆他者と「融合」する星座

　蠍座は、人生と人生が交わり、その境界線が融け合う交差点にあるような星座です。蠍座の人の多くが、誰か自分以外の人と、お互いの境目がわからなくなるほど深く融け合った経験を持ちます。この表現から性的なイメージを抱く人もいるかもしれませんが、私たちの「融合」は性的なものだけに留まりません。自分から決して切り離すことができないものや、自分の人生を根本から変えてしまったものなども、立派な「融合」の結果です。また、誰かが心血を注いで育てたものを受け継いだり、遺産を相続したりすることも、二つの人生の融合と言えるでしょう。ギブアンドテイクの「取引」のように、さらっと切り離してしまうことができない、「清算」してしまえない関わりが、蠍座の世界の「融合」なのです。

　二つの細胞が交われば、変容が起こります。中身を融け合わせてしまったら、そこからもとのように二つの存在に分離したとしても、お互いがすでに「もとどおり」ではあ

106

りません。蠍座の世界は、他者との交わりの結果起こる、変容の世界です。現代ではクローン技術が開発されていますが、私たち人間は今のところすべて、二つの細胞が融け合ったところに生まれています。そうした、生命の根源にある「融合」と「変容」が、蠍座のテーマなのです。

◆ 粘り強さ、誠実さ

蠍座の人々はとても粘り強く、諦めることを知りません。人と関わるときにも、一度心を許したなら、相手がどんなことをしようと、その心情的結びつきを解くことはありません。蠍座の人々が一度「イエス」と言ったなら、そこには千鈞の重みがあります。簡単に物事を引き受けない代わりに、一度引き受けたら絶対に放り出さない態度は、自然、多くの人に信頼されます。

蠍座の人々は「欲深い」とされますが、この「欲」は決して、利己的なものではないのです。どうかすると、誰か一人のために世界のすべてを望む、といった、限りない利他の欲望で溢れるのが、蠍座の人の心です。

マネジメントの才に優れ、実務能力に富みます。不可能を可能にするような離れ業をやってのけることもあります。難しい問題も、厄介な集団も、しっかり「支配」してしまいます。強い魅力で人を惹きつけ、さらに信頼を勝ち得ま

す。戦うときは徹底的に戦い、時に、手段を選ばないような峻烈さを見せます。

◆ 魅力の源泉

「セクシーな星座」と評されることも多い蠍座ですが、実際の蠍座の人々はとてもエレガントで、優雅です。決してだらしなく肌を露出したり、性的魅力を誇示したりすることはありません。むしろ、性的な魅力の危険性を熟知していて、それを丁寧に、優美に隠すことができるのです。

人は「隠されたもの」に惹きつけられます。謎やミステリー、開かずの扉などが人の心を惹きつけるように、性的なものが丁寧に隠された状態にこそ、陶酔や興奮の引き金があるのです。蠍座の人々が人を魅了するのは、ミステリーとファンタジーを暗示する才能に恵まれているからです。

◆「真実」の危険を知り、それを扱う

世の中には「隠されたもの」がたくさんあります。お金はお財布に入れますし、身体にも外に出るときは必ず隠しておかなければならない部位があります。死体は丁寧にくるまれ、棺桶に納められ、一般には見られない場所に隠されます。なぜそれらを隠さなければならないのか、と言えば、それらがあまりにも直接的な生命の真実だからです。そ

うした直截すぎる真実は、私たちを興奮させたり、不安にさせたり、精神的な危機に陥れたりします。社会的な建て前が隠しているもの、キレイゴトが隠しているもの、おおっぴらには言えないことなどもすべて、それらに不用意に触れるのは、危険なのです。蠍座は、そうした「危険をはらむからこそ、隠されているもの」の力を司る星座です。ゆえに、蠍座の人々は、真実の危険を楽々と扱います。たとえば、非常に大きな財を運用するとか、人のお金を管理するとか、生死や性をはらむ仕事をすることなどが上手なのです。「真実に触れる」という意味で、痛烈なブラックユーモアもまた、蠍座の世界のものです。

支配星・神話

◈ 蠍座の神話

巨人オリオンは狩猟の名人で、自分の腕をいつも誇っていました。このオリオンの思い上がりに腹を立てた大地の女神ガイアは、蠍を放って、オリオンを刺し殺させました。自信満々の巨人も、「死」には、歯が立たなかったのです。

蠍の神話はアルテミスにまつわるものや、太陽神ヘリオスと息子パエトンにまつわるものなどもありますが、いずれも蠍の毒による死の物語です。日常生活において「死」は忌み嫌われ、遠ざけられています。でも、「死」はあらゆ

るところにあって、私たちの「生」を支えています。たとえば、食事がそうです。たとえ肉食を避けても、植物の命をもらっていることは否定できません。一つの死は、他の生に繋がっています。

蠍座の支配星は火星です。同じく火星に支配される、「生命力の星座」である牡羊座は「死からどこまでも逃げ出していく」星座です。一方、蠍座は死から逃げるのではなく、むしろ死を飲み込んで、それを生に繋げていく仕組みを担う、という意味で、やはり「生命力の星座」なのです。

蠍座の才能

戦いの星・火星に支配された蠍座は、古来「優秀な軍人・勇敢な戦士」と関連付けられていました。同じく火星に支配された牡羊座の人々も「戦士・闘士」ですが、「勢い」の牡羊座に比べ、蠍座は「最後まで戦いをあきらめない」点にその特徴があります。どこまでも鋭い攻撃、無駄のない戦い方、劣勢でも途中で逃げ出すことなく、最後まで戦い切る姿勢。勝機を見る目、ピンチにも冷静に対応する才能、大きな戦略を練る才能。これらの力はすべて、人生の様々なイベント、キャリアや人間関係において、常に役立ちます。その一方で情愛がとことん深く、人を見捨てません。こうした点が強烈な魅力となって、人望を集めるのです。

牡羊座　はじまりの星座　　　　　　　　　I am.

素敵なところ

裏表がなく純粋で、自他を比較しません。明るく前向きで、正義感
が強く、諍_{いさか}いのあともさっぱりしています。欲しいものを欲しいと
言える勇気、自己主張する勇気、誤りを認める勇気の持ち主です。

キーワード

勢い／勝負／果断／負けず嫌い／せっかち／能動的／スポーツ／ヒ
ーロー・ヒロイン／華やかさ／アウトドア／草原／野生／丘陵／動
物愛／議論好き／肯定的／帽子・頭部を飾るもの／スピード／赤

 牡牛座　五感の星座　　　　　　　　　　I have.

素敵なところ

感情が安定していて、態度に一貫性があります。知識や経験をたゆ
まずゆっくり、たくさん身につけます。穏やかでも不思議な存在感
があり、周囲の人を安心させます。美意識が際立っています。

キーワード

感覚／色彩／快さ／リズム／マイペース／芸術／暢気_{のんき}／贅沢／コレ
クション／一貫性／素直さと頑固さ／価値あるもの／美声・歌／料
理／庭造り／変化を嫌う／積み重ね／エレガント／レモン色／白

 双子座　知と言葉の星座　　　　　　　I think.

素敵なところ

イマジネーション能力が高く、言葉と物語を愛するユニークな人々
です。フットワークが良く、センサーが敏感で、いくつになっても
若々しく見えます。場の空気・状況を変える力を持っています。

キーワード

言葉／コミュニケーション／取引・ビジネス／相対性／比較／関連
づけ／物語／比喩／移動／旅／ジャーナリズム／靴／天使・翼／小
鳥／桜色／桃色／空色／文庫本／文房具／手紙

蟹座　感情の星座

I feel.

素敵なところ

心優しく、共感力が強く、人の世話をするときに手間を惜しみません。行動力に富み、人にあまり相談せずに大胆なアクションを起こすことがありますが、「聞けばちゃんと応えてくれる」人々です。

キーワード

感情／変化／月／守護・保護／日常生活／行動力／共感／安心／繰り返すこと／拒否／生活力／フルーツ／アーモンド／巣穴／胸部、乳房／乳白色／銀色／真珠

獅子座　意思の星座

I will.

素敵なところ

太陽のように肯定的で、安定感があります。深い自信を持っており、側にいる人を安心させることができます。人を頷かせる力、一目置かせる力、パワー感を持っています。内面には非常に繊細な部分も。

キーワード

強さ／クールさ／肯定的／安定感／ゴールド／背中／自己表現／演技／芸術／暖炉／広場／人の集まる賑やかな場所／劇場・舞台／お城／愛／子供／緋色／パープル／緑

乙女座　分析の星座

I analyze.

素敵なところ

一見クールに見えるのですが、とても優しく世話好きな人々です。他者に対する観察眼が鋭く、シャープな批評を口にしますが、その相手の変化や成長を心から喜べる、「教育者」の顔を持っています。

キーワード

感受性の鋭さ／「気が利く」人／世話好き／働き者／デザイン／コンサバティブ／胃腸／神経質／分析／調合／変化／回復の早さ／迷いやすさ／研究家／清潔／ブルーブラック／空色／桃色

天秤座 関わりの星座   I balance.

素敵なところ

高い知性に恵まれると同時に、人に対する深い愛を抱いています。視野が広く、客観性を重視し、細やかな気遣いができます。内側には熱い情熱を秘めていて、個性的なこだわりや競争心が強い面も。

キーワード

人間関係／客観視／合理性／比較対象／美／吟味／審美眼／評価／選択／平和／交渉／結婚／諍い（いさか）／調停／パートナーシップ／契約／洗練／豪奢／黒／芥子色（からし）／深紅色／水色／薄い緑色／ベージュ

 蠍座 情熱の星座   I desire.

素敵なところ

意志が強く、感情に一貫性があり、愛情深い人々です。一度愛したものはずっと長く愛し続けることができます。信頼に足る、芯の強さを持つ人です。粘り強く努力し、不可能を可能に変えます。

キーワード

融け合う心／継承／遺伝／魅力／支配／提供／共有／非常に古い記憶／放出／流動／隠されたもの／湖沼／果樹園／庭／葡萄酒／琥珀／茶色／濃い赤／カギつきの箱／ギフト

 射手座 冒険の星座   I understand.

素敵なところ

冒険心に富む、オープンマインドの人々です。自他に対してごく肯定的で、恐れを知らぬ勇気と明るさで周囲を照らし出します。自分の信じるものに向かってまっすぐに生きる強さを持っています。

キーワード

冒険／挑戦／賭け／負けず嫌い／馬や牛など大きな動物／遠い外国／語学／宗教／理想／哲学／おおらかさ／自由／普遍性／スピードの出る乗り物／船／黄色／緑色／ターコイズブルー／グレー

山羊座　実現の星座

I use.

素敵なところ

夢を現実に変えることのできる人々です。自分個人の世界だけに収まる小さな夢ではなく、世の中を変えるような、大きな夢を叶えることができる力を持っています。優しく力強く、芸術的な人です。

キーワード

城を築く／行動力／実現／責任感／守備／権力／支配者／組織／芸術／伝統／骨董品／彫刻／寺院／華やかな色彩／ゴージャス／大きな楽器／黒／焦げ茶色／薄い茜色／深緑

水瓶座　思考と自由の星座

I know.

素敵なところ

自分の頭でゼロから考えようとする、澄んだ思考の持ち主です。友情に篤く、損得抜きで人と関わろうとする、静かな情熱を秘めています。ユニークなアイデアを実行に移すときは無二の輝きを放ちます。

キーワード

自由／友情／公平・平等／時代の流れ／流行／メカニズム／合理性／ユニセックス／神秘的／宇宙／飛行機／通信技術／電気／メタリック／スカイブルー／チェック、ストライプ

魚座　透明な心の星座

I believe.

素敵なところ

人と人とを分ける境界線を、自由自在に越えていく不思議な力の持ち主です。人の心にするりと入り込み、相手を支え慰めることができます。場や世界を包み込むような大きな心を持っています。

キーワード

変容／変身／愛／海／救済／犠牲／崇高／聖なるもの／無制限／変幻自在／天衣無縫／幻想／瞑想／蠱惑／エキゾチック／ミステリアス／シースルー／黎明／白／ターコイズブルー／マリンブルー

用語解説

星の逆行

　星占いで用いる星々のうち、太陽と月以外の惑星と冥王星は、しばしば「逆行」します。これは、星が実際に軌道を逆走するのではなく、あくまで「地球からそう見える」ということです。

　たとえば同じ方向に向かう特急電車が普通電車を追い抜くとき、相手が後退しているように見えます。「星の逆行」は、この現象に似ています。地球も他の惑星と同様、太陽のまわりをぐるぐる回っています。ゆえに一方がもう一方を追い抜くとき、あるいは太陽の向こう側に回ったときに、相手が「逆走している」ように見えるのです。

　星占いの世界では、星が逆行するとき、その星の担うテーマにおいて停滞や混乱、イレギュラーなことが起こる、と解釈されることが一般的です。ただし、この「イレギュラー」は「不運・望ましくない展開」なのかというと、そうではありません。

　私たちは自分なりの推測や想像に基づいて未来の計画を立て、無意識に期待し、「次に起こること」を待ち受けます。その「待ち受けている」場所に思い通りのボールが飛んでこなかったとき、苛立ちや焦り、不安などを感じます。でも、そのこと自体が「悪いこと」かというと、決してそうではないはずです。なぜなら、人間の推測や想像には、限界があるか

116

らです。推測通りにならないことと、「不運」はまったく別の
ことです。

　星の逆行時は、私たちの推測や計画と、実際に巡ってくる
未来とが「噛み合いにくい」ときと言えます。ゆえに、現実
に起こる出来事全体が、言わば「ガイド役・導き手」となり
ます。目の前に起こる出来事に導いてもらうような形で先に
進み、いつしか、自分の想像力では辿り着けなかった場所に
「つれていってもらえる」わけです。

　水星の逆行は年に三度ほど、一回につき3週間程度で起こ
ります。金星は約1年半ごと、火星は2年に一度ほど、他の
星は毎年太陽の反対側に回る数ヵ月、それぞれ逆行します。

　たとえば水星逆行時は、以下のようなことが言われます。

◆失せ物が出てくる／この時期なくしたものはあとで出てくる
◆旧友と再会できる
◆交通、コミュニケーションが混乱する
◆予定の変更、物事の停滞、遅延、やり直しが発生する

　これらは「悪いこと」ではなく、無意識に通り過ぎてしま
った場所に忘れ物を取りに行くような、あるいは、トンネル
を通って山の向こうへ出るような動きです。掛け違えたボタ
ンを外してはめ直すようなことができる時間なのです。

ボイドタイム―月のボイド・オブ・コース

　ボイドタイムとは、正式には「月のボイド・オブ・コース」となります。実は、月以外の星にもボイドはあるのですが、月のボイドタイムは3日に一度という頻度で巡ってくるので、最も親しみやすい（？）時間と言えます。ボイドタイムの定義は「その星が今いる星座を出るまで、他の星とアスペクト（特別な角度）を結ばない時間帯」です。詳しくは占星術の教科書などをあたってみて下さい。

　月のボイドタイムには、一般に、以下のようなことが言われています。

　　◆ 予定していたことが起こらない／想定外のことが起こる
　　◆ ボイドタイムに着手したことは無効になる
　　◆ 期待通りの結果にならない
　　◆ ここでの心配事はあまり意味がない
　　◆ 取り越し苦労をしやすい
　　◆ 衝動買いをしやすい
　　◆ この時間に占いをしても、無効になる。意味がない

　ボイドをとても嫌う人も少なくないのですが、これらをよく見ると、「悪いことが起こる」時間ではなく、「あまりいろいろ気にしなくてもいい時間」と思えないでしょうか。

とはいえ、たとえば大事な手術や面接、会議などがこの時間帯に重なっていると「予定を変更したほうがいいかな？」という気持になる人もいると思います。

　この件では、占い手によっても様々に意見が分かれます。その人の人生観や世界観によって、解釈が変わり得る要素だと思います。

　以下は私の意見なのですが、大事な予定があって、そこにボイドや逆行が重なっていても、私自身はまったく気にしません。

　では、ボイドタイムは何の役に立つのでしょうか。一番役に立つのは「ボイドの終わる時間」です。ボイド終了時間は、星が星座から星座へ、ハウスからハウスへ移動する瞬間です。つまり、ここから新しい時間が始まるのです。

　たとえば、何かうまくいかないことがあったなら、「365日のカレンダー」を見て、ボイドタイムを確認します。もしボイドだったら、ボイド終了後に、物事が好転するかもしれません。待っているものが来るかもしれません。辛い待ち時間や気持ちの落ち込んだ時間は、決して「永遠」ではないのです。

月齢について

　本書では月の位置している星座から、自分にとっての「ハウス」を読み取り、毎日の「月のテーマ」を紹介しています。ですが月にはもう一つの「時計」としての機能があります。それは、「満ち欠け」です。

　月は1ヵ月弱のサイクルで満ち欠けを繰り返します。夕方に月がふと目に入るのは、新月から満月へと月が膨らんでいく時間です。満月から新月へと月が欠けていく時間は、月が夜遅くから明け方でないと姿を現さなくなります。

　夕方に月が見える・膨らんでいく時間は「明るい月の時間」で、物事も発展的に成長・拡大していくと考えられています。一方、月がなかなか出てこない・欠けていく時間は「暗い月の時間」で、物事が縮小・凝縮していく時間となります。

　これらのことはもちろん、科学的な裏付けがあるわけではなく、あくまで「古くからの言い伝え」に近いものです。

　新月と満月のサイクルは「時間の死と再生のサイクル」です。このサイクルは、植物が繁茂しては枯れ、種によって子孫を残す、というイメージに重なります。「死」は本当の「死」ではなく、種や球根が一見眠っているように見える、その状態を意味します。

　そんな月の時間のイメージを、図にしてみました。

【新月】
種蒔き

芽が出る、新しいことを始める、目標を決める、新品を下ろす、髪を切る、悪癖をやめる、コスメなど、古いものを新しいものに替える

【上弦】
成長

勢い良く成長していく、物事を付け加える、増やす、広げる、決定していく、少し一本調子になりがち

【満月】
開花、
結実

達成、到達、充実、種の拡散、実を収穫する、人間関係の拡大、ロングスパンでの計画、このタイミングにゴールや〆切りを設定しておく

【下弦】
貯蔵、
配分

加工、貯蔵、未来を見越した作業、不要品の処分、故障したものの修理、古物の再利用を考える、蒔くべき種の選別、ダイエット開始、新月の直前、材木を切り出す

【新月】
次の
種蒔き

新しい始まり、仕切り直し、軌道修正、過去とは違った選択、変更

月のフェーズ

以下、月のフェーズを六つに分けて説明してみます。

● 新月　New moon

「スタート」です。時間がリセットされ、新しい時間が始まる！というイメージのタイミングです。この日を境に悩みや迷いから抜け出せる人も多いようです。とはいえ新月の当日は、気持ちが少し不安定になる、という人もいるようです。細い針のような月が姿を現す頃には、フレッシュで爽やかな気持ちになれるはずです。日食は「特別な新月」で、1年に二度ほど起こります。ロングスパンでの「始まり」のときです。

● 三日月〜● 上弦の月　Waxing crescent - First quarter moon

ほっそりした月が半月に向かうに従って、春の草花が生き生きと繁茂するように、物事が勢い良く成長・拡大していきます。大きく育てたいものをどんどん仕込んでいけるときです。

● 十三夜月〜● 小望月（こもちづき）　Waxing gibbous moon

少量の水より、大量の水を運ぶときのほうが慎重さを必要とします。それにも似て、この時期は物事が「完成形」に近づき、細かい目配りや粘り強さ、慎重さが必要になるようです。一歩一歩確かめながら、満月というゴールに向かいます。

○ 満月　Full moon

新月からおよそ2週間、物事がピークに達するタイミングです。文字通り「満ちる」ときで、「満を持して」実行に移せることもあるでしょう。大事なイベントが満月の日に計画されている、ということもよくあります。意識してそうしたのでなくとも、関係者の予定を繰り合わせたところ、自然と満月前後に物事のゴールが置かれることがあるのです。

月食は「特別な満月」で、半年から1年といったロングスパンでの「到達点」です。長期的なプロセスにおける「折り返し地点」のような出来事が起こりやすいときです。

◑ 十六夜の月～寝待月　Waning gibbous moon

樹木の苗や球根を植えたい時期です。時間をかけて育てていくようなテーマが、ここでスタートさせやすいのです。また、細くなっていく月に擬えて、ダイエットを始めるのにも良い、とも言われます。植物が種をできるだけ広くまき散らそうとするように、人間関係が広がるのもこの時期です。

◑ 下弦の月～ ● 二十六夜月　Last quarter - Waning crescent moon

秋から冬に球根が力を蓄えるように、ここでは「成熟」がテーマとなります。物事を手の中にしっかり掌握し、力をためつつ「次」を見据えてゆっくり動くときです。いたずらに物珍しいことに踊らされない、どっしりした姿勢が似合います。

◆ 太陽星座早見表　蠍座

（1930〜2025年／日本時間）

太陽が蠍座に滞在する時間帯を下記の表にまとめました。
これより前は天秤座、これより後は射手座ということになります。

生まれた年	期　　間	生まれた年	期　　間
1930	10/24　12:26　〜　11/23　9:33	1954	10/24　7:56　〜　11/23　5:13
1931	10/24　18:16　〜　11/23　15:24	1955	10/24　13:43　〜　11/23　11:00
1932	10/24　0:04　〜　11/22　21:09	1956	10/23　19:34　〜　11/22　16:49
1933	10/24　5:48　〜　11/23　2:52	1957	10/24　1:24　〜　11/22　22:38
1934	10/24　11:36　〜　11/23　8:43	1958	10/24　7:11　〜　11/23　4:28
1935	10/24　17:29　〜　11/23　14:34	1959	10/24　13:11　〜　11/23　10:26
1936	10/23　23:18　〜　11/22　20:24	1960	10/23　19:02　〜　11/22　16:17
1937	10/24　5:07　〜　11/23　2:16	1961	10/24　0:47　〜　11/22　22:07
1938	10/24　10:54　〜　11/23　8:05	1962	10/24　6:40　〜　11/23　4:01
1939	10/24　16:46　〜　11/23　13:58	1963	10/24　12:29　〜　11/23　9:48
1940	10/23　22:39　〜　11/22　19:48	1964	10/23　18:21　〜　11/22　15:38
1941	10/24　4:27　〜　11/23　1:37	1965	10/24　0:10　〜　11/22　21:28
1942	10/24　10:15　〜　11/23　7:29	1966	10/24　5:51　〜　11/23　3:13
1943	10/24　16:08　〜　11/23　13:21	1967	10/24　11:44　〜　11/23　9:03
1944	10/23　21:56　〜　11/22　19:07	1968	10/23　17:30　〜　11/22　14:48
1945	10/24　3:44　〜　11/23　0:54	1969	10/23　23:11　〜　11/22　20:30
1946	10/24　9:35　〜　11/23　6:45	1970	10/24　5:04　〜　11/23　2:24
1947	10/24　15:26　〜　11/23　12:37	1971	10/24　10:53　〜　11/23　8:13
1948	10/23　21:18　〜　11/22　18:28	1972	10/23　16:41　〜　11/22　14:02
1949	10/24　3:03　〜　11/23　0:15	1973	10/23　22:30　〜　11/22　19:53
1950	10/24　8:45　〜　11/23　6:02	1974	10/24　4:11　〜　11/23　1:37
1951	10/24　14:36　〜　11/23　11:50	1975	10/24　10:06　〜　11/23　7:30
1952	10/23　20:22　〜　11/22　17:35	1976	10/23　15:58　〜　11/22　13:21
1953	10/24　2:06　〜　11/22　23:21	1977	10/23　21:41　〜　11/22　19:06

生まれた年	期間		生まれた年	期間
1978	10/24 3:37 ~ 11/23 1:04		2002	10/23 23:19 ~ 11/22 20:54
1979	10/24 9:28 ~ 11/23 6:53		2003	10/24 5:10 ~ 11/23 2:43
1980	10/23 15:18 ~ 11/22 12:40		2004	10/23 10:50 ~ 11/22 8:22
1981	10/23 21:13 ~ 11/22 18:35		2005	10/23 16:43 ~ 11/22 14:15
1982	10/24 2:58 ~ 11/23 0:22		2006	10/23 22:28 ~ 11/22 20:02
1983	10/24 8:54 ~ 11/23 6:17		2007	10/24 4:16 ~ 11/23 1:50
1984	10/23 14:46 ~ 11/22 12:10		2008	10/23 10:10 ~ 11/22 7:44
1985	10/23 20:22 ~ 11/22 17:50		2009	10/23 15:45 ~ 11/22 13:23
1986	10/24 2:14 ~ 11/22 23:43		2010	10/23 21:36 ~ 11/22 19:15
1987	10/24 8:01 ~ 11/23 5:28		2011	10/24 3:31 ~ 11/23 1:08
1988	10/23 13:44 ~ 11/22 11:11		2012	10/23 9:15 ~ 11/22 6:50
1989	10/23 19:35 ~ 11/22 17:04		2013	10/23 15:11 ~ 11/22 12:48
1990	10/24 1:14 ~ 11/22 22:46		2014	10/23 20:58 ~ 11/22 18:38
1991	10/24 7:05 ~ 11/23 4:35		2015	10/24 2:48 ~ 11/23 0:25
1992	10/23 12:57 ~ 11/22 10:25		2016	10/23 8:47 ~ 11/22 6:23
1993	10/23 18:37 ~ 11/22 16:06		2017	10/23 14:28 ~ 11/22 12:05
1994	10/24 0:36 ~ 11/22 22:05		2018	10/23 20:24 ~ 11/22 18:02
1995	10/24 6:32 ~ 11/23 4:00		2019	10/24 2:21 ~ 11/22 23:58
1996	10/23 12:19 ~ 11/22 9:48		2020	10/23 8:01 ~ 11/22 5:40
1997	10/23 18:15 ~ 11/22 15:47		2021	10/23 13:52 ~ 11/22 11:34
1998	10/23 23:59 ~ 11/22 21:33		2022	10/23 19:36 ~ 11/22 17:20
1999	10/24 5:52 ~ 11/23 3:24		2023	10/24 1:21 ~ 11/22 23:02
2000	10/23 11:47 ~ 11/22 9:18		2024	10/23 7:15 ~ 11/22 4:56
2001	10/23 17:27 ~ 11/22 15:01		2025	10/23 12:51 ~ 11/22 10:35

おわりに

　これを書いているのは2022年8月なのですが、日本では新型コロナウイルスが「第7波」がピークを迎え、身近にもたくさんの人が感染するのを目の当たりにしています。2020年頃から世界を覆い始めた「コロナ禍」はなかなか収束の出口が見えないまま、多くの人を飲み込み続けています。今や世の中は「コロナ」に慣れ、意識の外側に置こうとしつつあるかのようにも見えます。

　2020年は土星と木星が同時に水瓶座入りした年で、星占い的には「グレート・コンジャンクション」「ミューテーション」など、時代の節目の時間として大いに話題になりました。2023年はその土星が水瓶座を「出て行く」年です。水瓶座は「風の星座」であり、ごく広い意味では「風邪」のような病気であった（症状は命に関わる酷いもので、単なる風邪などとはとても言えませんが！）COVID-19が、ここで土星と一緒に「退場」してくれれば！と、心から願っています。

　年次版の文庫サイズ『星栞』は、本書でシリーズ4作目となりました。表紙イラストのモチーフ「スイーツ」は、

2023年5月に木星が牡牛座に入ること、金星が獅子座に長期滞在することから、選んでみました。牡牛座は「おいしいもの」と関係が深い星座で、獅子座は華やかさ、表現力の世界です。美味しくて華やかなのは「お菓子！」だと思ったのです。また、「コロナ禍」が続く中で多くの人が心身に重大な疲労を蓄積し、自分で思うよりもずっと大きな苦悩を抱えていることも意識にありました。「甘いモノが欲しくなる時は、疲れている時だ」と言われます。かつて私も、猛烈なストレスを耐えて生きていた頃、毎日スーパーでちいさなフロランタンを買い、仕事帰りに齧（かじ）っていました。何の理性的根拠もない「占い」ですが、時に人の心に希望をもたらす「溺れる者の藁（わら）」となることもあります。2023年、本書が読者の方の心に、小さな甘いキャンディのように響くことがあれば、と祈っています。

星栞 2023年の星占い
蠍座

2022年9月30日　第1刷発行

著者　　　石井ゆかり

発行人　石原正康
発行元　株式会社 幻冬舎コミックス
　　　　〒151-0051 東京都渋谷区千駄ヶ谷4-9-7
　　　　電話 03-5411-6431（編集）
発売元　株式会社 幻冬舎
　　　　〒151-0051 東京都渋谷区千駄ヶ谷4-9-7
　　　　電話 03-5411-6222（営業）
　　　　振替 00120-8-767643

印刷・製本所：株式会社 光邦
デザイン：竹田麻衣子（Lim）
DTP：株式会社 森の印刷屋、安居大輔（Dデザイン）
STAFF：齋藤至代（幻冬舎コミックス）、
　　　　佐藤映湖・滝澤 航（オーキャン）、三森定史
装画：砂糖ゆき